Hans-Peter Weikard

Wahlfreiheit für zukünftige Generationen

Ökonomische Essays

Band 11

Zum Autor

Hans-Peter Weikard studierte Agrarwissenschaften und Philosophie an der Universität Göttingen und promovierte 1991 im Fach Wirtschaftswissenschaften an der Universität Witten/Herdecke. Seit 1995 ist er Assistent für Finanzwissenschaft an der Universität Potsdam. Seine Forschungsschwerpunkte sind Umwelt- und Ressourcenökonomik, Social Choice Theorie, Gerechtigkeitstheorien, die normativen Grundlagen der Ökonomik und Fragen der sozialen Sicherung.

Hans-Peter Weikard

Wahlfreiheit für zukünftige Generationen

Neue Grundlagen für eine Ressourcenökonomik

Metropolis-Verlag
Marburg 1999

Die Deutsche Bibliothek – CIP-Einheitsaufnahme

Weikard, Hans-Peter
Wahlfreiheit für zukünftige Generationen: neue Grundlagen für
eine Ressourcenökonomik
  (Ökonomische Essys ; Bd. 11
  Zugl. Potsdam, Univ., Habil, 1998
  ISBN 3-89518-233-8

Metropolis-Verlag für Ökonomie, Gesellschaft und Politik GmbH
Postfach 1748, D-35007 Marburg
Copyright: Metropolis-Verlag, Marburg 1999
Alle Rechte vorbehalten
Druck: Rosch Buch, Scheßlitz

  ISBN 3-89518-233-8

The Red Wheelbarrow

so much depends
upon

a red wheel
barrow

glazed with rain
water

beside the white
chickens

William Carlos Williams

Diese Arbeit ist meinem Bruder
Helmut Weikard
(14. 2. 1953 – 2. 11. 1997)
gewidmet.

Er hat mich gelehrt zu zweifeln, zu sehen und zu bewahren.

Vorwort

Dieses Buch unternimmt einen Versuch, eine neue Grundlage für die Ressourcenökonomik zu entwerfen. Der Begriffsrahmen der traditionellen Wohlfahrtsökonomik, den auch die Ressourcenökonomik verwendet, scheint zu eng geworden zu sein. Ein gewisses Unbehagen mit der utilitaristisch geprägten Ressourcenökonomik ist – etwa in der Debatte um den Begriff der Nachhaltigkeit – unverkennbar. Allerdings sind auch die Alternativen, die in den letzten Jahren in der ökologischen Ökonomik ausgearbeitet worden sind, noch unbefriedigend. Hier wird der Versuch unternommen, eine normative Ressourcenökonomik konsequent aus einer liberalen ethischen Grundposition heraus zu entwickeln. Intergenerationelle Gerechtigkeit wird nicht auf der Basis von Wohlfahrt, sondern auf der Basis von Wahlfreiheit bestimmt.

Eine Vorlesung zur Ressourcenökonomik an der Universität Göttingen bot den Anlaß zu ersten Überlegungen. Es erschien mir interessant, zwei theoretische Diskurse, die bislang unabhängig voneinander geführt wurden, ins Verhältnis zu setzen. Einmal wird die klassische Ressourcenökonomik, die als Wohlfahrtsökonomik für die Zukunft auftritt, von "Häretikern", die einen Nachhaltigkeitsansatz verfolgen, angegriffen. Zweitens gibt es eine neuere Literatur, die sich um eine Alternative zur Werttheorie des "*welfarism*" bemüht und Rechte und Freiheiten in den Mittelpunkt stellt. Wie beide Kritiken zusammengeführt werden können, zeigt diese Arbeit. Vielleicht ergeben sich daraus neue Impulse für die Wahrnehmung unserer Zukunftsverantwortung.

Im Verlaufe dieser Arbeit habe ich in vielen Gesprächen Anregungen von Nick Baigent, Walter Bossert, Wilhelm Brandes, John Broome, Wulf Gaertner, Philippe Mongin, Franz Prettenthaler und Yongsheng Xu bekommen. Meine KollegInnen Christhart Bork, Anke Erdmann, Doris Gericke, Jochen Greiner-Mai, Nico Lüttke, Konar Mutafoglu, Christoph Sowada und Ingolf Starke haben mich bei verschiedenen Vorarbeiten unterstützt. Die Gutachter meiner Habilitationsschrift, Wolfgang Buchholz, Wilfried Fuhrmann und Hans-Georg Petersen, haben mir weitere hilfreiche Hinweise gegeben. Ihnen allen möchte ich herzlich danken. Lorenz Krüger, bei dem ich in Göttingen Seminare zur Wissenschaftstheorie besuchen konnte, hat mich als erster auf die Social Choice Literatur aufmerksam gemacht und mein Interesse dafür geweckt.

Von dem Wenigen, was ich hier zu tun vermochte, – wie viel oder wenig es ist, mag beurteilen, wer diese Arbeit liest, – verdanke ich vieles meinen Eltern und Geschwistern und der tiefen Freundschaft, die mich mit Isabel von der Geest verbindet. Atanas Christev hat mich in einer kritischen Phase unterstützt. Silke Gabbert hat nicht nur das gesamte Manuskript gelesen, kritisch kommentiert und nochmals gelesen, sondern auch in guten und in schlechten Tagen ihr Leben mit mir geteilt. Für Freundschaft und Liebe kann man nicht danken, nur dankbar sein.

Die Deutsche Forschungsgemeinschaft hat die Entstehung dieser Arbeit mit einem Stipendium unterstützt.

Berlin und Potsdam, im Juni 1999
Hans-Peter Weikard

Inhaltsverzeichnis

1. Einführung

1.1 Ziele

Das Netz der Güter- und Informationsströme ist international. Der internationale Wettbewerb sorgt für die Angleichung der Technologien, der Produkte und des Konsums. Der erfolgreich erscheinende *way of life* der Industrieländer verdrängt nicht nur alte, "ineffiziente" Techniken und Produkte, sondern auch Lebensweisen und Gesellschaftsformen. Die Wünsche und Bedürfnisse der immer besser und schneller Informierten ändern sich, gleichen sich an – und vor allem, sie wachsen im Zeitablauf. Dieser Prozeß ist mit steigendem Ressourcenverbrauch verbunden; gleichzeitig schwindet die Vielfalt in Natur und Kultur, und damit schwinden auch Anpassungsmöglichkeiten und Entwicklungschancen.

Vielfalt zu erhalten, ist eine Voraussetzung evolutionärer Fortentwicklung und daher unabdingbar für eine langfristige Zukunftssicherung menschlicher Existenz. Wirtschaftliche und politische Entscheidungen sollten dem Rechnung tragen. Voraussetzung dafür ist, daß auch die normative Ökonomik als handlungsleitende Disziplin der Vielfalt einen entsprechenden systematisch-theoretischen Ort zuweist.

Nun bietet aber die normative Ökonomik keinen Raum, den Begriff der Vielfalt zu integrieren – zumindest nicht in ihrer traditionellen Form als Wohlfahrtsökonomik. Der Wohlfahrtsbegriff ist als Wertbasis einer adäquaten Ressourcenökonomik zu eng. Dies näher zu begründen, ist das erste Anliegen dieser Arbeit. Das zweite Anliegen ist, den Wert der Vielfalt und, damit verbunden, den Wert der Wahlfreiheit in die Ressourcenökonomik einzuführen. Damit wird eine neue Wertbasis für die Ressourcenökonomik bestimmt.

Die folgenden Abschnitte dieser Einführung sollen zunächst den wohlfahrtsökonomischen Ausgangspunkt der Ressourcenökonomik kurz beschreiben, um die Idee zu motivieren, Wahlfreiheit statt Wohlfahrt als Wertbasis in die Ressourcenökonomik einzuführen. Die Einführung schließt mit einer Skizze der Argumentation, die in den folgenden Kapiteln dann ausführlicher vorgetragen wird.

1.2 Der utilitaristische Ausgangspunkt der Wohlfahrts- und Ressourcenökonomik

Bis vor einigen Jahren brauchte man normative Ökonomik und Wohlfahrtsökonomik nicht zu unterscheiden. Normative Ökonomik war Wohlfahrtsökonomik. Erst seit einigen Jahren beginnt sich dieses Bild langsam zu wandeln. Der Wohlfahrtsbegriff ist nicht mehr der einzige und unbestrittene Wertbegriff der Ökonomik.[1] Vor allem durch Amartya Sens Pionierarbeiten[2] ist die Ökonomik nunmehr auch mit Rechten und Freiheiten befaßt.[3] An diese Entwicklung knüpfen die Überlegungen dieser Arbeit an. Zunächst soll aber die Werttheorie der traditionellen und bis heute dominierenden Wohlfahrts- und Ressourcenökonomik skizziert werden.

---

1 Mit Ökonomik ist im folgenden stets normative Ökonomik gemeint.

2 Besonders Sen (1970a), (1970b) und (1988).

3 Zwar ist der Begriff der Freiheit auch bei von Hayek (1960), Buchanan (1975) und anderen ein unverzichtbarer Wertbegriff, jedoch hat deren Kritik die Wohlfahrtsökonomik weitgehend unberührt gelassen. Ein Grund dafür mag sein, daß diese Kritik das Gebäude der Wohlfahrtsökonomik gleichsam von außen betrachtet, während Sens Kritik den Kernbegriff "Wohlfahrt" im Innern des Theoriegebäudes adressiert.

Die klassische Wohlfahrtsökonomik von den Arbeiten der Grenznutzenschule bis zu Pigous Standardwerk (1920/1932) war entscheidend vom Utilitarismus in seiner hedonistischen Variante beeinflußt. Wohlfahrt wird verstanden als Summe individuellen Wohlbefindens. Dabei dürfte Benthams (1789, IV. §3) Formulierung des utilitaristischen Kalküls besonders einflußreich gewesen sein: "Sum up all the values of all the pleasures on the one side, and those of all the pains on the other." Wohlfahrt im klassisch-utilitaristischen Sinne wird als eine quantifizierbare Substanz gedacht. Das Anliegen der Wohlfahrtsökonomen war nun, die gesellschaftlichen und wirtschaftlichen Bedingungen zu formulieren, unter denen die Wohlfahrt aller, also die Summe der Wohlfahrt der einzelnen, maximal wird. Wohlfahrtsökonomik war die Ausführung des utilitaristischen Programms.[4]

Die utilitaristische Tradition der Ökonomik wird allerdings mit dem Erscheinen von Robbins' *Essay* unterbrochen. Robbins (1932, 138) bestreitet die Möglichkeit der Aggregation der Wohlfahrt verschiedener Personen und bezeichnet sie als ein Werturteil, das als solches in der Ökonomik als einer Gesellschafts-*wissenschaft* keinen Platz habe. Die klassische Schule der Wohlfahrtsökonomik wird abgelöst durch die Ordinalisten. In einem richtungweisenden Beitrag konnten Hicks und Allen (1934) zeigen, daß zur Formulierung von Optimalitätsbedingungen kein kardinales Wohlfahrtskonzept und keine interpersonelle Vergleichbarkeit von Wohlfahrt erforderlich ist. Hinreichend sind die Präferenzen der Individuen. Damit scheint ein quantitativer Wohlfahrtsbegriff obsolet geworden zu sein und das Problem der Wohlfahrtsmessung gegenstandslos. An die Stelle der Versuche, Wohlfahrt zu messen, tritt die Beobachtung der Wahlhandlungen der Individuen. Durch die Entscheidungen (oder durch die getrof-

---

4 Vgl. auch Edgeworth (1881), Marshall (1890) und Frischs (1932) Versuch einer empirischen Bestimmung der Grenznutzen.

fene Wahl) offenbaren sich die Präferenzen.[5] Die utilitaristische
Aggregationsregel ist nun nicht mehr anwendbar und wird durch
das Pareto-Kriterium ersetzt. Damit hat die individuelle Wahl den
hedonistischen Wohlfahrtsbegriff als Wertbasis ersetzt und bildet
zusammen mit dem Pareto-Kriterium die Werttheorie der modernen Wohlfahrtsökonomik. Oder anders gesagt, der Nutzenbegriff
hat den Wohlfahrtsbegriff abgelöst. Was zählt, ist die Befriedigung
von Präferenzen. Dies ist der Kern der paretianischen Wohlfahrtsökonomik.

In der angewandten Wohlfahrtsökonomik wird allerdings das
utilitaristische Programm im Stillen weiterverfolgt. Jede Investition, jede wirtschafts- und sozialpolitische Maßnahme muß nach
ihren Auswirkungen auf die Wohlfahrt der Individuen beurteilt
werden. Das Pareto-Kriterium liefert meist keine schlüssige Antwort zur Beurteilung eines Projekts. Bei den meisten Projekten
werden einige Individuen besser gestellt, während andere schlechter gestellt werden. Das Pareto-Kriterium erlaubt aber gerade
nicht, die Erträge der einen gegen die Verluste der anderen abzu-
wägen. In der angewandten Wohlfahrtsökonomik werden daher
alle Kosten und Erträge monetär bewertet, unabhängig davon, bei
wem sie anfallen. Dabei wird stillschweigend angenommen, daß
der Grenznutzen des Geldes für alle gleich ist.[6]

Auch in der Ressourcenökonomik ist dieses Vorgehen verbrei-
tet. Ressourcenökonomik ist in dieser Beziehung Wohlfahrtsökonomik für die Zukunft. Die Wohlfahrt aller Individuen zählt

---

5 Vgl. Samuelson (1938) und Houthakker (1950).
6 Ein Verfechter dieser These ist Ng (1984). In der Theorie gerechter Be-
   steuerung erscheint interpersonelle Vergleichbarkeit unverzichtbar; vgl.
   z.B. Hinterberger et al. (1987) oder Brunner (1989). Eine umfassende
   Darstellung interpersoneller Nutzenvergleiche gibt Möller (1983).
   Neuere Arbeiten enthält der von Elster und Roemer (1991) herausgege-
   bene Band.

gleichviel, unabhängig davon, ob sie heute leben oder erst in Zukunft. Die Ressourcenökonomik versucht die Frage zu beantworten, wie eine maximale Gesamtwohlfahrt zu erreichen ist. Wieviel soll die gegenwärtige Generation sparen und für die Zukunft investieren, und wie sollen die knappen Ressourcen zwischen den Generationen aufgeteilt werden, um die Gesamtwohlfahrt zu maximieren? Die Literatur, die sich diesen Fragen widmet, steht in der Tradition zweier einflußreicher Aufsätze von Ramsey (1928) und Hotelling (1931), die explizit einen utilitaristischen Standpunkt einnehmen. Das Problem der intertemporalen Allokation wird in gleicher Weise wie andere Allokationsprobleme als Wohlfahrtsmaximierungsproblem begriffen.

1.3 Wohlfahrt oder Wahlfreiheit für zukünftige Generationen?

Die Wohlfahrtstheorie befindet sich in einem Dilemma. In ihrer paretianischen Variante liefert sie für die meisten relevanten Fragen keine Antworten. Eine gehaltvollere Theorie kann daher nicht auf interpersonelle Vergleiche von Wohlfahrt verzichten. Dennoch ist die Frage, wie sie vorgenommen werden können, weitgehend ungelöst. Homann (1988b, 223) formuliert es so: "Die Ökonomik und die Ethik [haben] gar nicht die Wahl, interpersonelle Nutzenvergleiche vorzunehmen oder nicht vorzunehmen; man hat lediglich die Wahl sie vernünftig – d.h. reflektiert, methodisch, offen ausgewiesen und damit auch kritisierbar – oder nur impliziert, intuitiv und unbewußt, verborgen und damit unkritisierbar vorzunehmen." Das Problem, in der personalen Dimension eine Aggregation vorzunehmen, wiegt schwer. Es ist aber nicht entscheidend, solange es pragmatisch umgangen werden kann und solange die Hoffnungen, hier Fortschritte zu erzielen, weiter vorhanden sind. Theorien können eben nicht an idealen

Standards gemessen werden, sondern sie müssen sich im Wettbewerb behaupten.[7]

Eine andere Kritik, die gegen den Utilitarismus und damit gegen die Wohlfahrtstheorie vorgebracht wird, ist aus dieser Perspektive wichtiger, da sie nicht nur auf ein Problem hinweist, sondern eine Gegenposition formuliert. Sen (1979) zeigt, daß eine am Wohlfahrtsbegriff orientierte Ethik nicht alle moralisch relevante Information nutzt, um Handlungen und Zustände zu beurteilen. Individuelle Rechte und Verteilungsfragen bleiben unberücksichtigt. Rawls (1971, 62 und 90 ff) meint, daß nicht Wohlfahrt, sondern die Versorgung mit Grundgütern für die Beurteilung gesellschaftlicher Zustände herangezogen werden sollte. Sen (1985) setzt Fähigkeiten und Möglichkeiten (*capabilities*) an die Stelle von Wohlfahrt als Wertbasis einer ethischen Theorie. Eine Ethik, die Zustände allein aufgrund individueller Wohlfahrt beurteilt, ignoriert individuelle Rechte. Die Wohlfahrt des einzelnen Individuums zählt zwar wie die jedes anderen, aber sie kann auch jederzeit für die Wohlfahrt der anderen aufgegeben werden. Es gibt für den einzelnen keine geschützte Sphäre von Grundrechten.[8]

Beispiele, an denen man dies verdeutlichen kann, sind zahlreich.[9] Im Kontext einer Zukunftsethik kann man das folgende Beispiel geben. Die gegenwärtige Generation nutzt die Kernenergie. Nehmen wir einmal an, sie sei eine billige Energiequelle, die zu größerem Wohlstand und Wachstum führt. Sie birgt allerdings Gefahren, die in einer gegebenen Periode zwar mit geringer Wahrscheinlichkeit eintreten, über einen sehr langen Zeitraum betrachtet ist es allerdings kaum auszuschließen, daß Menschen durch den Einsatz dieser Technologie verletzt oder getötet

---

7 Vgl. Kuhn (1962) und Stegmüller (1973).

8 Vgl. auch Kolm (1994) für eine ähnliche Kritik.

9 Vgl. z.B. Williams (1973) oder Sen (1979) sowie Abschnitt 5.1.

werden. Darf nun das Leid der Generationen, die einen Atom-
unfall erleben und die Folgen zu tragen haben, durch den größeren Wohlstand vieler anderer früherer Generationen aufgewogen
werden? Selbst wenn die Bilanz der Gesamtwohlfahrt aller Generationen positiv ausfällt, so bleibt dennoch die Frage, ob wir das
Recht haben, den Zukünftigen die mit der Kernenergie verbundenen Risiken aufzubürden. Dem Utilitarismus ist jedoch die Kategorie der Rechte fremd. Die utilitaristische Antwort auf die mit
diesem Beispiel aufgeworfenen Fragen bleibt unbefriedigend.

Die wohlfahrtsorientierte Werttheorie des Utilitarismus
schließt nicht nur Rechte aus ihren Betrachtungen aus, sondern
auch Freiheiten. Insofern wir uns als handelnde Menschen begrei-
fen, geht es uns nicht allein darum, möglichst glücklich zu sein; es
geht auch darum, autonom entscheiden zu können. Daß andere
wissen, was gut für mich ist, etwa mein Arzt oder mein Rechts-
anwalt, rechtfertigt nicht, daß andere für mich entscheiden. Ich
bestehe darauf, meine eigenen Entscheidungen zu treffen, im
Zweifel sogar, meine eigenen Fehler machen zu dürfen. Aldous
Huxley hat dieses Bedürfnis in *Brave New World* in der Figur des
Wilden zu Ausdruck gebracht, der sogar ein Recht einfordert,
krank sein zu dürfen. Ökonomik und Ressourcenökonomik sollten daher dem Wert von Autonomie Rechnung tragen. Dies gilt
insbesondere deswegen, weil die Zukünftigen ihre Interessen
heute nicht geltend machen können und auch ihre Rechte und
Freiheiten heute nicht einfordern können. Eine utilitaristische
Zukunftsvorsorge, die zwar die Wohlfahrt der Zukünftigen bei
Entscheidungen einbezieht und in diesem Sinne das Wohl der Zukünftigen sicherstellt, vernachlässigt aber womöglich deren Freiheitsrechte. Nicht nur den tatsächlichen Lebensbedingungen,

unter denen wir und die Zukünftigen leben (müssen), kommt ein
Wert zu, sondern auch unseren und deren Wahlmöglichkeiten.[10]
Der Gerechtigkeitsbegriff des Utilitarismus, die gleichgewich-
tige Berücksichtigung der Wohlfahrt aller, scheint zu schwach,
unsere moralischen Intuitionen von Grundrechten und Grundfreiheiten einzufangen. Ein stärkerer Begriff von Gerechtigkeit,
der nun zu diskutieren ist, ist Gerechtigkeit als Gleichheit. Dabei
bedarf es einer näheren Bestimmung, in bezug auf was die Individuen gleichgestellt werden sollen. In der Literatur der letzten zwei
Jahrzehnte sind verschiedene Vorschläge diskutiert worden. Eine
Kandidatenliste für die Frage "Equality of What?" (Sen 1980) enthält mindestens die folgenden Einträge:

- Wohlfahrt (klassischer Egalitarismus),
- Rechte und Grundgüter (Rawls),
- Befähigungen (Sen),
- Ressourcen (Dworkin),
- Grundrechte (Nozick).

Dem klassischen Egalitarismus, der wie der Utilitarismus den
Wohlfahrtsbegriff in den Mittelpunkt stellt, stehen Ansätze
gegenüber, die dadurch gekennzeichnet sind, daß sie dem Individuum Eigenverantwortung übertragen. Nach dieser Auffassung ist
ein gerechter Zustand also gerade nicht durch gleiche individuelle
Wohlfahrt gekennzeichnet. Vielmehr ist ein Zustand gerecht,
wenn er sich aus einer Ausgangsposition ergibt, die in einer bestimmten Hinsicht für alle gleich ist; wenn also jede Person im
Ausgangszustand die gleiche Ausstattung (mit Rechten, Befähi-

---

10 Man könnte einwenden, daß der Wert der Wahlfreiheit im Prinzip der
   Konsumentensouveränität seinen Ausdruck findet. Allerdings hat das
   Prinzip in der Wohlfahrtstheorie nur instrumentellen Charakter. Eine
   Einschränkung der Wahlmöglichkeiten ist für die Nutzenmaximierung
   unerheblich, solange die beste Alternative wählbar bleibt; vgl. Patta-
   naik/Xu (1990) und Abschnitt 8.1.

gungen oder Ressourcen) erhält. Was die einzelne dann aus ihrer Ausstattung macht, bleibt ihr überlassen. Jede Person trägt die Verantwortung für ihr Tun. Oder anders gesagt: Es gibt, nachdem für gleiche Ausgangspositionen gesorgt worden ist, keine moralische Verpflichtung denen gegenüber, die durch eigene Entscheidungen in eine schlechtere Position geraten sind. Diese Abkehr vom klassischen Egalitarismus trägt Züge des Liberalismus. Die Freiheit der Individuen wird betont, aber sie ist mit Verantwortlichkeit gekoppelt. Gestritten wird hier hauptsächlich über die Frage, in welcher Hinsicht Ausgangspositionen gleich sein sollen. Rawls (1971, 15 und 101 f) zum Beispiel stellt die Frage, ob die Zufälligkeiten der Natur korrigiert werden sollen. Nozick (1974) verneint diese Frage. Rawls (1971) und Dworkin (1980) sind aber der Auffassung, daß die Ausstattung der einzelnen mit Talenten *und* Ressourcen gleichverteilt sein sollte. Das heißt, die Ressourcenausstattung sollte natürliche Nachteile bei den angeborenen Fähigkeiten (Talenten) kompensieren. Die Ergebnisse persönlicher Neigungen und Ziele sollten jedoch nicht kompensiert werden. Sen (1985) strebt dagegen gleiche Chancen in einem etwas anderen Sinn an: Die Voraussetzungen, ein gelingendes Leben zu führen, sollen allen in gleicher Weise gegeben werden. Allein für eine gleiche Ausstattung zu sorgen, ist dabei nicht hinreichend, da eine Ausstattung ja für unterschiedliche Individuen gemäß ihrer Neigungen und Bedürfnisse unterschiedlichen Wert haben kann. Das von Sen vorgeschlagene Gerechtigkeitskonzept basiert daher auf der Gleichheit der Fähigkeiten und Möglichkeiten in einem umfassenderen Sinn. Darauf und auf die anderen soeben angesprochenen Ansätze zu einer Theorie der Gerechtigkeit wird in Abschnitt 5.2. noch ausführlicher eingegangen.

Wie gesagt stehen in der normativen Ökonomik liberale, von Rechten ausgehende Ansätze den wohlfahrtsorientierten gegenüber. Zu den vorgetragenen grundsätzlichen Erwägungen, die für eine Einbeziehung von Rechten und Freiheiten in die normative

Ökonomik sprechen, kommt für die Ressourcenökonomik eine
weitere hinzu. Ein ausschließlich wohlfahrtsorientierter Ansatz
erscheint hier als zu eng, da die Ressourcenökonomik vor allem
der Unsicherheit der Zukunft Rechnung tragen muß. Dies
geschieht normalerweise nach Maßgabe der Erwartungsnutzentheorie. Die Ressourcenökonomik unterstellt rationale Entscheider, die zukünftige Zustände gewichtet mit den jeweiligen
Eintrittswahrscheinlichkeiten bewerten. Dabei werden die Präferenzen der Entscheider als zeitlich invariant angenommen. Was
aber, wenn sich die Präferenzen im Zeitablauf ändern und die
Änderung der Präferenzen ihrerseits unsicher ist? Sich ändernde
Präferenzen dürften, wenn wir lange Zeiträume betrachten, der
Normalfall sein. Wünsche, Neigungen und das Anspruchsniveau
passen sich den Lebensbedingungen an. Dies ist zunächst eine
recht triviale Vorstellung, leider ist es aber eine Vorstellung, die
noch kaum Eingang in die Wohlfahrts- und Ressourcenökonomik
gefunden hat. Für die Ökonomik sind die Präferenzen stabil und
exogen.[11] Diese Voraussetzung ökonomischer Analyse aufzugeben,
hat gravierende Konsequenzen. Die wichtigste Konsequenz ist,
daß Wohlfahrtsmaximierung kein adäquates Ziel der normativen
Ökonomik mehr sein kann. Ansprüche und Lebensverhältnisse
ändern sich über größere Zeiträume hinweg so sehr, daß das Be-
mühen, die Gesamtwohlfahrt zu maximieren, vermessen erscheint. Vor dem Hintergrund einer unsicheren Zukunft, unserer
begrenzten Information über Wünsche und Interessen sowie über
Möglichkeiten und Bedingungen des Lebens zukünftiger Generationen ist Wohlfahrtsmaximierung nicht operationalisierbar.
Selbst wenn alle übrigen Einwände gegen eine ausschließlich
wohlfahrtsorientierte normative Ökonomik verworfen würden,
könnten uns doch Informationsbeschränkungen dazu nötigen, das

---

11 Hier gibt es allerdings Ausnahmen; vgl. z.B. von Weizsäcker (1971),
   Yaari (1978) oder Koboldt (1995).

Wohlfahrtskriterium aufzugeben, und es durch ein informationell weniger anspruchsvolles Kriterium zu ersetzen. Ein solches Kriterium könnte die Wahlfreiheit sein, die wir den Zukünftigen hinterlassen. Wir sollten uns also nicht um die Wohlfahrt, sondern um Wahlfreiheit der zukünftigen Generationen sorgen.

1.4 Skizze des weiteren Vorgehens

Bevor das in den Abschnitten 1.2 und 1.3 vorgestellte Argumentationsraster mit detaillierteren Überlegungen weiter ausgefüllt werden kann, sind noch einige Vorklärungen nötig. Kapitel 2 beschreibt daher zunächst das Anliegen einer normativen Ressourcenökonomik und erläutert einige begriffliche und methodische Voraussetzungen. Kapitel 3 kehrt dann zum utilitaristischen Ausgangspunkt zurück (Abschnitt 3.1). Für die Ressourcenökonomik steht das Problem der zeitlichen Aggregation im Mittelpunkt. Im Zusammenhang damit wird in der Literatur immer wieder über die Rechtfertigung der Diskontierung und die angemessene Höhe einer sozialen Diskontrate diskutiert. Abschnitt 3.2 stellt diese Diskussion vor und versucht, sie weiterzuentwickeln.

Neben der utilitaristisch geprägten Ressourcenökonomik hat sich in den letzten zehn Jahren[12] eine mittlerweile sehr breite Literatur unter dem Stichwort "ökologische Ökonomik" entwickelt. Die ökologische Ökonomik stellt sich – teils explizit, teils implizit – gegen die traditionelle Ressourcenökonomik. Kapitel 4 versucht, die Hauptmerkmale der ökologischen Ökonomik herauszuarbeiten. Dabei spielt das Nachhaltigkeitspostulat eine zentrale Rolle. Ökologische Ökonomik kann als der Versuch begriffen werden, Nachhaltigkeit an die Stelle der Wohlfahrtsmaximierung

---

12 Man könnte die Gründung der Zeitschrift *Ecological Economics* im Jahr 1989 oder den von Costanza (1991) herausgegebenen Band als Startpunkt setzen.

in der traditionellen Ressourcenökonomik zu setzen. Für eine kritische Analyse ist ein Einwand, der von Beckerman (1994) gegen den Begriff der Nachhaltigkeit vorgetragen wird, von besonderem Interesse (Abschnitt 4.3). Beckerman argumentiert, daß das Nachhaltigkeitsprinzip das utilitaristische Maximierungsprinzip nicht ersetzen kann und sogar überhaupt verzichtbar ist.

Während die ökologische Ökonomik vor allem das Maximierungspostulat kritisiert, wird in Kapitel 5 die in Abschnitt 1.3 bereits kurz skizzierte Kritik der Wertgrundlagen des utilitaristischen Programms noch vertieft. Eine Kritik des Wohlfahrtsbegriffs muß natürlich wirkungslos bleiben, solange nicht geklärt ist, was an seine Stelle treten kann. Die Antworten, die in der Social-Choice-Theorie und der analytischen Ethik in den letzten Jahren dazu entwickelt worden sind, zielen auf einen Paradigmenwechsel in der Wohlfahrtsökonomik. In dessen Folge müssen dann aber auch die Grundlagen der Ressourcenökonomik reflektiert und neu definiert werden. Bevor dies in den Kapiteln 7 bis 9 geschieht, soll jedoch die Kritik an der Ressourcenökonomik noch um eine weitere Perspektive ergänzt werden. Kapitel 6 wendet sich der Frage zu, ob und wie das intertemporale Maximierungsproblem von einem Marktsystem gelöst wird. Daß der Verteilung der Ressourcennutzungsrechte zwischen den Generationen entscheidende Bedeutung zukommt, ist evident. Daraus ergibt sich die Frage nach einer gerechten Verteilung der Verfügungsrechte. Anhand dieser Frage können verschiedene Varianten des Liberalismus unterschieden werden. Das Ziel von Kapitel 6 ist es, eine im Sinne einer Theorie intergenerationeller Gerechtigkeit tragfähige Variante zu identifizieren.

Während die Kapitel 3-6 in der Hauptsache eine Bestandsaufnahme und Kritik der Wohlfahrts- und Ressourcenökonomik beinhalten, sind die Kapitel 7-9 eher systematisch-konstruktiv. Hier geht es darum, – im Lichte der vorgetragenen Kritik – eine neue Werttheorie für die Ressourcenökonomik zu entwickeln. In

Kapitel 7 werden die Argumente der vorangegangenen Kapitel zusammengeführt. Daraus ergibt sich die Grundstruktur einer Werttheorie, auf der eine normative Ressourcenökonomik aufbauen kann. Im folgenden Kapitel 8 werden dann formale Konzepte von Vielfalt und Wahlfreiheit vorgestellt und weiterentwickelt. Eine für die Umwelt- und Ressourcenökonomik wichtige Anwendung ist die Messung und Bewertung von Biodiversität, der ein eigener Abschnitt (8.4) gewidmet ist. Schließlich, in Kapitel 9, ist zu zeigen, wie in einer auf Wahlfreiheit basierenden Ressourcenökonomik das Problem der Aggregation in der personalen, der zeitlichen und der Risikodimension behandelt werden und wie eine faire intergenerationelle Ressourcenzuteilung charakterisiert werden kann. In Kapitel 10 werden die Ergebnisse zusammengefaßt und einige offene Probleme benannt.

2. Struktur und Ziel normativer Ressourcenökonomik

Die folgenden Betrachtungen zu den Grundlagen der Ressourcenökonomik erfordern einige methodologische Vorbemerkungen.
Jede normative Analyse beruht auf einer Werttheorie. Abschnitt
2.1 erläutert ihre Komponenten: Wertbasis und Aggregationsregeln. Anschließend wird in Abschnitt 2.2 das Verhältnis von
Normativität und Empirie näher betrachtet.

2.1 Strukturmerkmale einer Werttheorie

Jede freie Entscheidung stellt uns vor die Frage nach Kriterien des
richtigen Handelns. Normative Ökonomik ist eine Disziplin, die
sich mit dieser Frage befaßt. Sie ist also ebenso wie die Ethik praktische Philosophie. Ökonomik und Ethik sind handlungsleitende
Disziplinen, deren Fragestellungen durch das Leben unter den
Bedingungen knapper Ressourcen und beschränkter Zeit definiert
sind.[1] Beide Disziplinen setzen zwar unterschiedliche Akzente
– Ökonomik ist eher effizienz-, Ethik eher gerechtigkeitsorien-
tiert –, dennoch kommen beide nicht aneinander vorbei. Jede
normative Analyse sollte daher das Gebot der Interdisziplinarität
ernst nehmen.[2] Es kommt hier gar nicht darauf an, beide Disziplinen gegeneinander abzugrenzen – im Gegenteil. Es erscheint
ziemlich nutzlos, ein Argument als ein ökonomisches oder als ein

---

1 Ethische Theorien bestimmen, was moralisch richtiges Handeln ist.
  Warum man moralisch handeln soll, was überhaupt ein Sollen begründet, liegt dagegen – wenn man von Letztbegründungsversuchen ab-
  sieht – außerhalb der Theorie.

2 Vgl. dazu Homann (1988a).

philosophisches zu bezeichnen; es sei denn in wissenschaftssozio-
logischer Perspektive.

Theorien richtigen Handelns fallen in zwei große Kategorien.
Zunächst gibt es deontologische Theorien. Diese kennzeichnen
eine Handlung dann als richtig, wenn sie bestimmten als richtig
ausgewiesenen Regeln oder Standards entspricht, und zwar unabhängig von den Folgen. Wird Handeln dagegen aufgrund seiner
Folgen beurteilt, heißt eine Theorie konsequentialistisch.

Meine Überlegungen zu einer Erneuerung der Grundlagen der
Ressourcenökonomik sind konsequentialistisch und stehen in dieser Hinsicht in der Tradition der Ressourcenökonomik. Eine
konsequentialistische Theorie braucht zur Beurteilung von Handlungen eine Beschreibung ihrer faktischen Wirkungen, d.h. eine
Beschreibung der Folgen, und darüber hinaus eine Bewertung der
Folgen. Sind die Folgen einer Menge von Handlungen bekannt
und bewertet, dann wird die Handlung mit den besten Folgen
ausgewählt (oder eine Handlung, deren Folgen nicht schlechter
sind, als die jeder anderen möglichen Handlung). Der Auswahl
einer Handlung gehen also zwei Probleme voraus. Erstens sind die
Folgen zu bestimmen oder doch zumindest mögliche Folgen und
deren Eintrittswahrscheinlichkeiten. Zweitens ist eine Bewertung
vorzunehmen. Beim ersten Problem wird nach Wirkungszusam-
menhängen gefragt. Die Naturwissenschaften und die empirisch
orientierten Gesellschaftswissenschaften versuchen, diese Fragen
zu beantworten.[3]

Die Überlegungen der folgenden Kapitel wenden sich dem
zweiten Problem zu. Es ist nicht so, daß Bewertungsfragen einem
rationalen Diskurs entzogen sind. Zumindest kann man versuchen, einzelne Positionen, die in der Diskussion bezogen werden,
präzise zu formulieren, ihre Voraussetzungen aufzudecken und

---

3 Technikfolgenabschätzung und Klimafolgenforschung sind hier ein-
schlägige Beispiele.

ihre Konsequenzen auszuarbeiten. Eine konsequentialistische Theorie richtigen Handelns muß bestimmen, was Wert hat und wie die Werte miteinander vergleichbar sind und gegeneinander abgewogen werden können. Dabei sollte man im Auge behalten, daß normative, d.h. handlungsleitende Theorien – wie andere Theorien auch – keine absolute Geltung beanspruchen können. Sie stehen miteinander im Wettbewerb und müssen sich im Wettbewerb behaupten. Dies gilt natürlich auch für die hier entwickelte Perspektive einer normativen Ressourcenökonomik.[4]

Gemäß einer von Broome (1990) vorgeschlagenen Einteilung ergeben sich die Folgen von Handlungen in verschiedenen Dimensionen. Die Folgen betreffen zum einen verschiedene Individuen. Sie betreffen diese zu verschiedenen Zeiten und sie sind, weil sie in der Zukunft liegen und nicht alle relevanten Umstände bekannt sind, unsicher. Die Bewertung der Entscheidungsfolgen in diesen drei Dimensionen (der personalen, der zeitlichen und der Risikodimension) leitet unser Handeln auf allen möglichen Ebenen: privat, öffentlich und politisch. Wir wollen beispielsweise wissen, ob es richtig ist, mit dem Auto oder mit dem Bus zur Arbeit zu fahren, ob es richtig ist, ein Haus zu bauen, Kinder zu bekommen, eine Kohlendioxydsteuer einzuführen und so fort. Bei all diesen Fragen treffen die *unsicheren* Folgen verschiedene *Personen* zu verschiedenen *Zeiten*. Entscheidungsprobleme der Praxis beruhen auf der Schwierigkeit, Bewertungen in den einzelnen Dimensionen vorzunehmen. Gelänge dies, würden wir über eine vollständige normative Theorie des Handelns verfügen.[5]

Wie die Folgen einer Handlung bewertet werden, hängt also zunächst davon ab, was Wert hat. Dies werde ich im folgenden als

---

4 Vgl. dazu auch Weikard (1992, 14 f und 25 ff).

5 Broome (1990) entwickelt diese Perspektive. Sie beruht auf der Annahme, daß die Bewertungen in einer Dimension von den Bewertungen in den anderen Dimensionen unabhängig sind (Separabilitätsannahme).

Wertbasis bezeichnen. Außerdem müssen die Werte in den verschiedenen Dimensionen zusammengeführt werden. Die Methoden, dies zu tun, werde ich *Aggregationsregeln* nennen. Aus Wertbasis und Aggregationsregeln kann man eine Gesamtbewertung von Folgen gewinnen, die dann unser Handeln leiten kann.

Die Ökonomik verfügt über solche Theorien. Eine davon ist die Erwartungsnutzentheorie. Mit ihrer Hilfe kann ein Entscheider die beste – oder rationale – Handlung ermitteln, wenn die Folgen unsicher sind. Die subjektiven Präferenzen des Entscheiders bilden die Wertbasis. Für die Aggregation werden subjektive Wahrscheinlichkeiten des Eintretens einzelner Möglichkeiten benutzt. Die Bewertungen aller möglichen Handlungsfolgen werden mit ihren Eintrittswahrscheinlichkeiten gewichtet und addiert.[6]

Nach diesen Vorbemerkungen kann nun der systematische Ort bestimmt werden, an dem ein Vorschlag zur Erneuerung der Ressourcenökonomik ansetzen kann, und die Aufgabenstellung kann präzisiert werden. Den zukünftigen Generationen soll – ebenso wie der gegenwärtigen Generation – ein breites Spektrum an Wahlmöglichkeiten, eine Vielfalt von Ressourcen, zur Verfügung stehen. Wahlfreiheit soll anstelle von Wohlfahrt die Wertbasis der Ressourcenökonomik bilden. Dieser Vorschlag soll hier ausführlich begründet werden. Darüber hinaus hat eine Änderung der Wertbasis Auswirkungen auf die Aggregationsregeln, die wir verwenden können. Es wird zu diskutieren sein, welche Probleme bei der Aggregation von Wahlmöglichkeiten in den verschiedenen Dimensionen auftreten und welche Lösungsmöglichkeiten sich bieten.

---

6 Vgl. von Neumann/Morgenstern (1944/1947) sowie insbesondere Savage (1954).

2.2 Wozu normative Ressourcenökonomik?

Die Wirtschaftswissenschaften sind vorwiegend empirisch orientiert. Ökonomische Forschung zielt vor allem auf Erklärung und Prognose. Dabei sind ökonomische Theorien besonders dadurch gekennzeichnet, daß sie das zu erklärende Verhalten – z.B. die Marktentscheidungen der Wirtschaftssubjekte – stets als rationales Verhalten rekonstruieren. Empirisch-ökonomische Theorien versuchen die Wirkungsmechanismen gesellschaftlicher Prozesse aufzudecken, die von den Handlungen der einzelnen Akteure generiert werden. Empirische Ökonomik ist also ursachenorientiert: Die gesellschaftlichen Prozesse werden idealtypisch als Summe individueller Handlungen erklärt, die wiederum, als rationale Handlungen, als nicht weiter erklärungsbedürftig angesehen werden.

Die normative Ökonomik hat dagegen eine andere Fragestellung. Sie fragt nicht nach Erklärungen, sondern nach Rechtfertigungen des Handelns, also danach, welche Handlung in einer gegebenen Situation die richtige ist.

Empirische und normative Ökonomik verfolgen eigenständige Fragestellungen. Eine erklärende Theorie liefert genausowenig Rechtfertigungen wie eine normative Theorie Erklärungen. Trotzdem sind die Fragestellungen der beiden Subdisziplinen nicht unverbunden. Man stelle sich vor, eine normative Theorie N liefere Gründe[7], in einer bestimmten Situation a zu tun. Die empirische Theorie E prognostiziere jedoch, daß in einer solchen

---

7 In bezug auf unser Handeln sind grundsätzlich Gründe und Rechtfertigungen zu unterscheiden. Gründe des Handelns können bestimmte Meinungen und Motive sein. Rechtfertigungen nehmen dagegen Bezug auf Standards des Richtigen oder des Guten. Handlungsgründe gehören auf die Ebene des Subjekts, Rechtfertigungen sind intersubjektiv. Wenn ein Individuum es als gerechtfertigt ansieht, a zu tun, dann ist dies auch ein Grund, a zu tun. Ein Grund ist jedoch keine Rechtfertigung.

Situation tatsächlich nicht *a* getan würde, sondern etwas anderes, *b*. *E* liefert also, falls *E* gut bestätigt ist, Gründe anzunehmen, daß *a* nicht getan wird, während *N* Gründe liefert, *a* zu tun. Eine normative Theorie, deren Handlungsempfehlungen niemals umgesetzt würden, wäre uninteressant und fragwürdig. Eine normative Theorie muß immer auch motivierende Kraft haben, jedenfalls dann, wenn die Handlungsempfehlungen an Akteure gerichtet sind, die frei sind zu entscheiden und die aus Gründen handeln. Gründe zu haben, gehört zu einem Begriff des Handelns, der über ein bloßes Sich-Verhalten hinaus geht und Entscheiden mit einschließt. Beim Handeln spielen Gründe daher auch eine verursachende Rolle.[8]

Nun gibt es zahlreiche Beispiele, in denen normative Vorgaben nicht eingelöst werden, während gleichzeitig plausible Erklärungen des Verhaltens vorliegen. Man braucht nur an Situationen vom Typ des Gefangenendilemmas zu denken. Bei diesen Beispielen sind die normative Ebene und die Erklärungsebene scheinbar entkoppelt. Eine Theorie *N* rät zur Kooperation; denn schließlich erfüllt die Kooperationslösung die Pareto-Bedingung. Tatsächlich aber defektieren die Akteure, was von *E* erklärt wird. Die Handlungserklärung nimmt hier keinen Bezug auf die von *N* explizierten Gründe. Eine solchermaßen "isolierte" normative Theorie kann keinen Bestand haben. Ihre Handlungsempfehlungen laufen stets ins Leere, da ihnen die motivierende Kraft fehlt. Eine gute normative Theorie darf eben kein bloßes Moralisieren sein. Für das Beispiel des Gefangenendilemmas müssen die Ebene des Individuums und die Ebene des Kollektivs streng getrennt werden. Die normative Theorie des Handelns kann immer nur Gründe für das handelnde Individuum liefern. Mit Bezug auf das Beispiel gilt daher folgendes: Eine normative Theorie, die im Gefangenen-

---

8 Vgl. Gean (1965/66) und zur Einführung in die Probleme der Handlungstheorie Beckermann (1985).

dilemma Kooperation vorschreibt, ist fehlkonzipiert, da ihre
Zielvorstellung, eine maximale Gesamtauszahlung zu erreichen,
nicht der handelnden Entität, also dem Individuum, zugeordnet
werden kann. Die Individuen handeln – so ist das Gefangenen-
dilemma konstruiert – unabhängig voneinander und auf eigene
Rechnung. Die Gesamtauszahlung kann daher kein relevantes Ziel
sein. Nur wenn die Individuen als Kollektiv handeln, d.h. wenn
sie verbindliche Absprachen treffen können, dürfen wir die
Maximierung der Gesamtauszahlung als ein mögliches Ziel setzen.

Eine normative Theorie N soll Gründe des Handelns aufweisen. Empirische Theorien müssen die heuristische Annahme benutzen, daß Menschen aus Gründen handeln. Daher können
wohlkonstruierte Theorien E und N nicht systematisch voneinander abweichen. Die normativ aufgewiesenen Gründe des Handelns
spielen eine kausale Rolle in einer empirischen Handlungstheorie.
In der Ökonomik ist das Rationalitätspostulat das verbindende
Glied. Die normative Entscheidungstheorie bestimmt die beste
Handlung, empirisch-ökonomische Theorien erklären Verhalten,
indem sie es als rationales Verhalten rekonstruieren. Die Annahme, daß die Handelnden rational sind, d.h., daß sie aus Gründen
handeln, macht ihre Gründe implizit zu erklärenden Größen in
der Theorie.

Damit ist einerseits empirische Theorie nicht losgelöst von
Normativität, andererseits aber muß eine normative Theorie stets
beachten, daß Gründe zu handeln mit einer Motivation zu handeln verbunden sein müssen. Empirische und normative Ökonomik sind auf diese Weise verbunden, verfolgen aber doch unterschiedliche Fragestellungen.[9]

Diese Überlegungen zum Verhältnis zwischen Empirie und
Normativität sollen helfen, die Fragestellung einer normativen

---

9 Vgl. Putnam (1981, Kap. VI) für grundlegende Überlegungen zum
Verhältnis von Werten (Normativität) und Tatsachen (Empirie).

Ressourcenökonomik zu klären. Insbesondere ist deutlich geworden, daß sich normative Theorien zunächst an das handelnde Individuum richten. Entsprechend muß sich die Ressourcenökonomik zunächst an individuellen Zielen orientieren. Ausgangspunkt ist also eine Theorie intertemporal-rationaler Entscheidung. Im Vordergrund steht die zeitliche Dimension. Sie ist aber naturgemäß mit der Risikodimension eng verkoppelt. Die Unsicherheit der Zukunft betrifft aus der Sicht eines Entscheiders nicht nur die Entscheidungsfolgen, sondern auch die Beurteilung der eingetretenen Folgen. Präferenzen können sich im Zeitablauf ändern. Diese Möglichkeit muß ein rationaler Entscheider mit einbeziehen. Daher ist es sinnvoll, daß die heutigen Entscheidungen Auswahlmöglichkeiten in der Zukunft offen lassen. Wahlfreiheit hat hier zumindest instrumentellen Wert. Selbst ein wohlfahrtsmaximierender Entscheider, der seinen Wahlmöglichkeiten keinen eigenen (intrinsischen) Wert beimißt, sollte bei unsicherer Zukunft seine Handlungsmöglichkeiten nicht allzusehr einengen. Der Wert der Wahlfreiheit ergibt sich in diesem Kontext im Zusammenhang mit der Aggregation von Wohlfahrt in der Risikodimension.

Die personale Dimension wirft andere Probleme auf. Für einen egoistischen Entscheider sind die Folgen, die andere Personen treffen, als solche nicht relevant. Er muß sie allerdings berücksichtigen, wenn er mit den anderen in strategischer Interaktion steht. Unter den Knappheitsbedingungen der realen Welt gibt es keine isolierten Handlungen, die nicht in irgendeiner Weise die Handlungsmöglichkeiten der anderen und deren Wohlergehen beeinflussen. Das Motivationsproblem, warum der einzelne Folgen für andere berücksichtigen soll, kann aus der strategischen Situation heraus gelöst werden. Regeln der Kooperation und gegenseitiger Rücksichtnahme sind auf wohlverstandenes Eigeninteresse zurückzuführen. Im Licht des oben ausgeführten Arguments, daß normative Theorien auch eine motivierende Kraft haben müssen, scheint dies selbstverständlich, solange nicht altruistische Handlungsmotive von vornherein unterstellt werden. Für die Ressourcenökonomik ergibt sich daraus ein Problem. Ein Entscheider steht mit den Mitgliedern zukünftiger Generationen, mit denen er keine Lebenszeit teilt, auch nicht in strategischer Interaktion. Die Forderung des nachhaltigen Wirtschaftens, die insbesondere zugunsten der lange nach uns Lebenden erhoben wird, steht daher im Verdacht, nicht mehr als ein moralischer Appell zu sein. Daraus ergibt sich die Frage, worin die motivierende Kraft des Nachhaltigkeitspostulats besteht. In Kapitel 6 wird daher die Möglichkeit, Ressourcenschutz aus wohlverstandenem Eigeninteresse zu begründen, noch näher untersucht. Dabei wird sich zeigen, daß in einer Gesellschaft von rationalen Egoisten ein längerfristiges Überleben nicht garantiert werden kann. Den zukünfitigen Generationen wird die Ressourcenbasis entzogen.

Eine Konzeption intergenerationeller Gerechtigkeit muß daher die Annahme des Egoismus aufgeben. Es bleiben dann als weitere Möglichkeiten, einen begrenzten Altruismus zu postulieren oder gar von Akteuren auszugehen, deren Ziel das Wohlergehen aller Individuen ist. Letzteres erscheint als eine zu starke Voraussetzung.[10] Man kann aber die Annahme eines begrenzten Altruismus setzen, der darin besteht, daß alle Handelnden ein Gleichheitspostulat akzeptieren. Auf dieser Annahme beruht die hier entwickelte Theorie intergenerationeller Gerechtigkeit. Für diese Theorie wäre dann zu zeigen, daß die von ihr gegebenen individuellen Handlungsempfehlungen nicht systematisch von den tatsächlichen Handlungen abweichen. Anders gesagt, die Prämisse der Gleichheit muß von allen Handelnden akzeptiert werden und handlungsleitend wirken. Diesen Nachweis zu führen, oder aber

---

10 Vgl. dazu Urmson (1958). Eine normative Theorie dieser Art würde zu sehr von der tatsächlichen Handlungsmotivation abweichen.

die Theorie durch den Nachweis des Gegenteils zu erschüttern, ist ein methodisch gänzlich anderes Unternehmen und muß einer anderen Arbeit überlassen bleiben. Man kann jedoch darauf hinweisen, daß sich bestimmte Regeln der Fairness in der Evolutionsgeschichte entwickelt haben könnten und daß somit die Prämisse eines begrenzten Altruismus dem tatsächlichen menschlichen Verhalten besser gerecht wird als die Prämisse des Egoismus.[11] Im intertemporalen Kontext ist dabei auch an das Phänomen der Vererbung zu denken. Eine bessere Ausstattung der Nachkommen verbessert deren (Reproduktions-) Chancen. Ein Altruismus gegenüber den eigenen Nachkommen kann durch den damit verbundenen evolutorischen Vorteil erklärt werden. Daß wir andere Menschen in moralisch relevanten Kontexten als Gleiche sehen, auch wenn sie nicht mit uns verwandt sind, lange nach uns leben und nicht eigene Nachkommen sind, kann ein Ergebnis der Evolution sein.[12] Den Nachweis dafür zu führen, ist jedoch, wie gesagt, nicht das Anliegen dieser Betrachtungen. Vielmehr wird vorausgesetzt, daß die Gesellschaftsmitglieder in einem noch näher zu spezifizierenden moralischen Sinn gleich sind und sich gegenseitig als Gleiche anerkennen.

---

11 Vgl. Ruse (1986) zu einer evolutorischen Begründung von Moral. Interessant sind in diesem Zusammenhang auch Ergebnisse der experimentellen Ökonomik; vgl. dazu z.B. eine frühe Studie von Güth et al. (1982) und Weimann (1995) für einen Überblick.

12 Vgl. dazu Skyrms (1996). Die Theorie des Gesellschaftsvertrages in der Tradition von Rousseau und Hume versucht die Ordnung menschlichen Zusammenlebens zu erklären. Theorien in der Tradition von Hobbes und Locke versuchen dagegen, den Entwurf eines Gesellschaftsvertrages zu begründen, haben also eine normative Perspektive.

3. Traditionelle Ressourcenökonomik: Wertbasis und Aggregationsregeln

Eine Kritik der Grundlagen der Ressourcenökonomik muß zuerst diese Grundlagen vorstellen. Abschnitt 3.1 beschreibt die Wertbasis der traditionellen Ressourcenökonomik und das Aggregationsproblem in der personalen und der Risikodimension. Da Ressourcenökonomik insbesondere mit Fragen der intertemporalen Allokation befaßt ist, ist den Aggregationsregeln der zeitlichen Dimension ein eigener Abschnitt (3.2) gewidmet.

3.1 Utilitaristische Ressourcenökonomik

Die utilitaristischen Wurzeln der Ressourcenökonomik sind nicht zu übersehen. Die Pionierarbeiten zum Problem der intertemporalen Ressourcenallokation von Ramsey und Hotelling benutzen in ihrer Analyse ein Nutzenmaximierungskalkül. Ramsey (1928) wägt die entgangenen Konsumnutzen des Sparens in einer gegebenen Periode gegen die zukünftigen (größeren) Konsumnutzenmöglichkeiten späterer Perioden. Er benutzt dazu die Annahme, daß der "Genuß und die Opfer" in verschiedenen Zeiten unabhängig voneinander bestimmt und addiert werden können. Mit anderen Worten, die Nutzenfunktion ist in der zeitlichen Dimension additiv separabel. Auch Hotellings (1931) bahnbrechende Arbeit geht von dieser Voraussetzung aus. Bei der Bestimmung optimaler Abbaupfade für nicht-erneuerbare Ressourcen ist das Maximandum der "social value of the resource", der sich aus dem Nutzen des Konsums einer Ressource ergibt.[1]

---

1 Vgl. Hotelling (1931, 143 ff).

Die seit den 70er Jahren entwickelte Ressourcenökonomik folgt in dieser Hinsicht den Pionieren der Disziplin. Das gilt für die bekannte Monographie von Dasgupta und Heal (1979) ebenso wie für die Lehrbücher von Siebert (1983), Ströbele (1987), Neher (1990), Endres/Querner (1993) und andere. Man kann ohne Übertreibung behaupten, daß die utilitaristisch geprägte Ressourcenökonomik dominant, wenn auch nicht unangefochten ist.[2] In Abschnitt 1.2 ist dargelegt worden, daß im großen und ganzen auch die Wohlfahrtsökonomik eine Umsetzung des utilitaristischen Programms ist. Die in der Folge von Ramsey und Hotelling entwickelte Ressourcenökonomik kann daher als intertemporale Wohlfahrtsökonomik bezeichnet werden.

Schauen wir uns nun die unübersehbar utilitaristischen Fundamente der Wohlfahrtsökonomik und damit auch der Ressourcenökonomik genauer an. Der zentrale Wertbegriff ist der Wohlfahrtsbegriff. Alle Allokationsprobleme werden als Wohlfahrtsmaximierungsprobleme gedacht. Allerdings ist dabei der Wohlfahrtsbegriff im allgemeinen unterbestimmt. Nach intuitivem Vorverständnis zielt der Wohlfahrtsbegriff vor allem auf das Wohlbefinden von einzelnen Individuen. Was zum Wohlbefinden einzelner Individuen beiträgt, kann – im Prinzip – empirisch bestimmt werden. Trotzdem ist es schwierig, eine Definition des Wohlfahrtsbegriffs zu geben. Zunächst kann man in dieser Frage entweder einen objektivistischen oder einen subjektivistischen Standpunkt beziehen. Dies führt zu zwei verschiedenen Varianten des Wohlfahrtsbegriffs.

Die erste Variante ist eine hedonistische Interpretation des Wohlfahrtsbegriffs. Individuelles Wohlbefinden ist ein mentaler Zustand, der als objektiv bestimmbar gedacht wird, d.h., daß insbesondere Glücks- und Leidempfindungen der Individuen – jeden-

---

2 Auf die Kritiker der "mainstream" Ressourcenökonomik wird in Kapitel 4 noch näher eingegangen.

falls im Prinzip - erfaßt werden können. Diesen Standpunkt beziehen manche Vertreter des klassischen Utilitarismus und die Ökonomen der marginalistischen Schule. Hier sind vor allem Bentham (1789), Gossen (1854), Jevons (1871), Edgeworth (1881), Marshall (1890) und Pigou (1920/32) zu nennen. Ziel des utilitaristischen Programms ist es, den Saldo aus Glück und Leid zu maximieren. Die Umsetzung dieses Programms beruht auf einer Meßbarkeit und interpersonellen Vergleichbarkeit des Wohlbefindens.

In der Variante der modernen Wohlfahrtsökonomik wird der Wohlfahrtsbegriff nicht mehr auf mentale Zustände bezogen, sondern er wird mit der Erfüllung von Präferenzen gleichgesetzt. Die Maximierung des Nutzens bedeutet nichts anderes als die Erfüllung von Präferenzen, was immer diese Präferenzen sein mögen.[3] Die individuellen Präferenzen offenbaren sich in Wahlhandlungen. Werte werden nach diesem Konzept letztlich allein durch die Wahlhandlungen der Individuen bestimmt. Dabei wird - gewissermaßen als begriffliche Notwendigkeit - unterstellt, daß bei jeder Auswahl aus einer Menge von Handlungsalternativen stets die beste gewählt wird. Die moderne Ökonomik kennt also nur rationale Wahl und einen an diese Wahl gekoppelten Wertbegriff, den Nutzen. Daß jede Wahlhandlung die Werte des Entscheiders offenlegt, ist allerdings mit unserer Alltagserfahrung nicht immer zu vereinbaren. Es erscheint uns gar nicht als außergewöhnlich, daß jemand nicht das beste tut. In solchen Situationen ist es fragwürdig, den Wertbegriff an die Wahlhandlungen zu koppeln. Um diesem Problem zu entgehen, wird im allgemeinen unterstellt, daß die Entscheider nicht nur rational, sondern auch wohlinformiert sind. Manche Autoren nehmen weitere Korrekturen am Präfe-

---

3 Vgl. Broome (1991), der dafür plädiert, den Nutzenbegriff als einen *terminus technicus* nur in dieser Bedeutung zu verwenden. Zur Geschichte des Nutzenbegriffs vgl. auch Rappoport/Cooter (1984).

renzutilitarismus vor. Harsanyi (1982) z.B. schließt auch Mißgunst aus.[4]

Die verschiedenen Varianten der Wertbasis werfen unterschiedliche Probleme bezüglich der Aggregationsregeln auf. Wie
bereits erwähnt, hilft uns bei der Bewertung unsicherer Folgen die
Erwartungsnutzentheorie. Die Entscheider müssen dabei allen
denkbaren zukünftigen Ereignissen eine (subjektive) Wahrscheinlichkeit zuschreiben, genauer eine Wahrscheinlichkeitsverteilung
über die Handlungsfolgen für jede mögliche Handlung. Zur Bewertung von Handlungen verfügen die Entscheider über eine
transitive Präferenzordnung über die mit ihren Eintrittswahrscheinlichkeiten gewichteten und addierten Bewertungen möglicher Handlungsfolgen. Eine solche Präferenzordnung ist dann
durch eine kardinale Nutzenfunktion repräsentierbar.[5] Trotz Kritik an der Erwartungsnutzentheorie[6] gilt sie doch als allgemein
akzeptiert. Sie löst das Aggregationsproblem in der Risikodimension für einen individuellen Entscheider.

Die Konstruktion einer kardinalen Nutzenfunktion könnte
nun den Gedanken nahe legen, daß damit auch das interpersonelle
Aggregationsproblem gelöst sei. Dies wäre jedoch eine voreilige
Schlußfolgerung. Der auf den von-Neumann-Morgenstern-Axio-
men beruhende Nutzenbegriff läßt keine interpersonellen Vergleiche zu. Wenn nämlich eine Funktion u die Präferenzen eines

---

4   Eine ausführliche Diskussion der verschiedenen Varianten der utilitaris-
    tischen Wertbasis findet sich bei Griffin (1986).

5   Die Axiomatisierung der Erwartungsnutzentheorie durch von Neu-
    mann und Morgenstern ist erst in der zweiten Auflage (1947) ihres 1944
    zuerst erschienenen *Theory of Games and Economic Behavior* in einem
    Anhang formal ausgeführt. Die Idee einer Risiko-Nutzen-Funktion geht
    auf Daniel Bernoulli (1738) zurück. Entsprechend werden in der Litera-
    tur die Bezeichnungen von-Neumann-Morgenstern-Nutzen und Ber-
    noulli-Nutzen synonym verwendet.

6   Z.B. Machina (1989).

Entscheiders repräsentiert, dann repräsentiert auch jede positive
lineare Transformation von u dieselben Präferenzen; d.h. u und
$a \cdot u + b$ mit $a > 0$ sind gleichermaßen Repräsentationen *einer* Präferenzordnung. Interpersonelle Vergleiche würden dann ein
Eichverfahren für die Skalierung der Parameter a und b für verschiedene Individuen verlangen. Ein solches Eichverfahren erscheint aber für die auf Präferenzen basierenden Nutzen undurch-
führbar.[7] Zu Bewertungen von Handlungsfolgen, die verschiedene
Personen betreffen, kann man daher nicht auf der Grundlage des
Nutzenbegriffs gelangen. Oder anders formuliert, ein subjek-
tivistischer Wohlfahrtsbegriff ist mit interpersonellen Vergleichen
inkompatibel. Das "Problem interpersoneller *Nutzen*vergleiche"
ist somit mißspezifiziert. Sinnvoll gestellt werden kann nur die
Frage nach interpersonellen *Wohlbefindens*vergleichen, wenn
"Wohlbefinden" als objektivierbarer Begriff angesehen wird. Entgegen Robbins' (1932) Diktum, daß man sich mit Wohlbefindens-
vergleichen wissenschaftsfremde Werturteile einhandeln würde,
ist eher Nozick (1985, 161) zuzustimmen, der das Faktum her-
vorhebt, "that we make such comparisons every day on an *ad hoc*
and intuitive basis" und folgert: "It would be surprising if our
ordinary (and often apparently obvious) judgments were com-
pletely built on sand."

Diese wenigen Bemerkungen zur Wertbasis "Wohlfahrt" und
zur Aggregation in der Risiko- und der interpersonellen Dimension sollen hier genügen.[8] Ausführlicher ist nun allerdings auf die
Aggregation in der zeitlichen Dimension einzugehen, die als
zentrale Dimension der Ressourcenökonomik angesehen werden
kann. Dabei wird zwar deutlich, daß man die drei Dimensionen

---

7 Vgl. Harsanyi (1955) für einen Versuch dies zu tun; ausführlicher wird
   hierauf noch in Abschnitt 9.1 eingegangen.

8 Ergänzend sei für die Risikodimension auf Sinn (1980) und für die personale Dimension auf Elster/Roemer (eds., 1991) verwiesen.

nicht vollständig voneinander isolieren kann. Trotzdem kann der Versuch, dies zu tun, etwas mehr Klarheit in das Bewertungsproblem bringen.

3.2 Die zeitliche Dimension: Diskontierung

Unsere Entscheidungen wirken in die Zukunft, manchmal sehr weit in die Zukunft hinein. Wie sollen wir Projekte[9] bewerten, die uns zu einem Zeitpunkt nützen und zu einem anderen Zeitpunkt schaden, Projekte, deren Kosten und Erträge zu verschiedenen Zeitpunkten anfallen? Die allgemein anerkannte Methode, eine solche Bewertung vorzunehmen, ist die Diskontierung im Rahmen einer Nutzen-Kosten-Analyse. Eine grobe, aber für die Zwecke dieser Betrachtung hinreichende Skizze dieses Verfahrens ist die folgende: Für jeden Zeitpunkt (oder jede Periode) werden Kosten und Erträge des Projekts bestimmt, d.h. alle Folgen werden monetär bewertet, und zwar zunächst aus der Perspektive des Zeitpunkts, zu dem sie auftreten. Da aber im allgemeinen in einer Volkswirtschaft ein positiver Zins herrscht, ist eine spätere Geldeinheit weniger wert als eine frühere, daher werden die späteren Erträge zum herrschenden Zinssatz diskontiert. Um dies an einem Beispiel zu verdeutlichen, stelle man sich ein Güterbündel heute und das gleiche Güterbündel in 100 Jahren vor. Das Güterbündel habe einen Wert von 10 000 DM. Wenn wir einmal von einem Zinssatz von 5% ausgehen, hat das spätere Güterbündel in heutiger Bewertung einen Wert von nur etwa 76 DM. Soweit das Standardverfahren.

Das Verfahren der Diskontierung ist aber umstritten.[10] Kurz gesagt liegt die strittige Frage darin, ob mit der Diskontierung

---

9 "Projekt" steht für eine Entscheidung, Handlung oder Maßnahme.

10 Die Diskussion über die Diskontierung zieht sich durch die Jahrzehnte: vgl. z.B. Ramsey (1928), Harrod (1948), Sen (1961) und (1967), Marglin

eine Minderschätzung der Zukunft verbunden ist und ob diese
Minderschätzung gerechtfertigt werden kann.

Daß es einen positiven Zins gibt, ist ein Faktum; und dies
scheint die Methode der Diskontierung zu rechtfertigen. Die Diskontierung wird von ihren Kritikern vor allem aus zwei Gründen
verworfen. Zunächst scheint sie mit dem Grundsatz der Nachhaltigkeit unvereinbar zu sein. Ein positiver Zins "verleitet" uns beispielsweise, nicht-erneuerbare Ressourcen schneller abzubauen als
es sonst der Fall wäre. Eine hohe Diskontrate führt dazu, mögliche Erträge früher auszubeuten und Kosten möglichst in die Zukunft zu verlagern. Je später Kosten und Erträge anfallen, desto
weniger zählen sie in unserem Kalkül. Das führt dazu, daß wir
den zukünftigen Generationen Kosten aufbürden, und zwar umso
mehr, je höher die Diskontrate. Praktisch relevant ist die Diskontrate bei fast jeder Entscheidung, besonders natürlich bei solchen
die weit in die Zukunft reichen. Beispiele reichen von der Klima-
politik bis in unser privates Alltagshandeln.

Wir müssen also, wenn wir verantwortlich handeln wollen,
die Frage beantworten, wie hoch die "richtige" Diskontrate sein
soll, ob sie dem Marktzins entsprechen soll oder ob sie überhaupt
positiv sein darf. Bei der Beantwortung dieser Fragen sind nun die
Ebene des einzelnen und die der Gesamtgesellschaft zu unterscheiden. Die Diskontrate, die wir bei der Bewertung zukünftiger
Kosten und Erträge heranziehen sollten, wenn wir das gesamt-
gesellschaftlich Beste erreichen wollen, wird "soziale Diskontrate"
genannt.

(1963), Mueller (1974), Pearce et al. (1990, Kap. 2) und Nor-
gaard/Howarth (1991); Hampicke (1991b) spricht vom "Diskontierungsnebel"; Broome (1994) präsentiert eine klar geschriebene Analyse
des Problems. Die folgende Darstellung folgt Weikard (1996).

Wie sollen wir also bewerten? Aus der Perspektive der Preis-theorie scheint die Diskussion über die soziale Diskontrate ganz überflüssig zu sein, da ja der Marktzins gerade den intertempora-len Wertvergleich vornimmt. Für einen individuellen Entschei-der, der als Preisnehmer handelt, ist der Marktzins relevant. Aus gesamtgesellschaftlicher Perspektive bleiben allerdings zwei Fra-gen offen. Einmal kann man fragen, ob der Zins tatsächlich die intertemporale Struktur der Knappheiten korrekt wiedergibt oder ob nicht eine Art des Marktversagens vorliegt. Dies ist zunächst eine empirische Frage, deren Antwort davon abhängt, wie gut die Kapitalmärkte funktionieren. Es könnten Transaktionskosten existieren, die verhindern, daß sich eine optimale Allokation der Ressourcen im Marktprozeß ergibt. Es gibt aber noch einen zwei-ten Gesichtspunkt. Man kann ganz generell die Frage aufwerfen, warum denn für die Zukünftigen Kosten und Erträge weniger zählen sollen als für uns. Schließlich veranlaßt uns die Diskontie-rung, wie gesagt, dazu, Erträge möglichst früh zu realisieren, wohingegen alle Kosten möglichst in die Zukunft verlagert wer-den. Verletzt dies nicht, selbst wenn es effizient ist, ein Gebot intergenerationeller Gerechtigkeit?

Besonders die letzte Frage soll nun genauer untersucht werden. Um dies zu tun, sollen die Bestimmungsgründe des Zinses näher betrachtet werden. Für jeden dieser Gründe ist zu fragen, ob der daraus resultierende (positive) Zins eine Diskontierung rechtfer-tigt. Die Bestimmungsgründe des Zinses sind von Eugen von Böhm-Bawerk (1889) analysiert worden. Böhm-Bawerks Analyse ist bis heute ein gültiger Meilenstein der Zinstheorie,[11] und die Überlegungen im folgenden Abschnitt orientieren sich an ihr.

Zuvor sollte aber ein verbreitetes Mißverständnis aus dem Weg geräumt werden. Manchmal scheint es, daß Philosophen auf der einen und Ökonomen auf der anderen Seite sich in gegneri-

---

11 Vgl. z.B. Stephan (1995).

schen Lagern gegenüber stehen.[12] Die einen sind gegen, die
anderen für eine Diskontierung. Der Streit läßt sich schnell auflö-
sen, wenn man sich klar macht, was diskontiert wird. Dabei
haben die Philosophen meist die Wohlfahrt im Sinn, während die
Ökonomen über die mit Preisen bewerteten Güter und Dienst-
leistungen sprechen, die zur Bedürfnisbefriedigung dienen, also
Wohlfahrt stiften.

Dies stimmt allerdings in bezug auf die Ökonomen leider
nicht immer. Manchmal wird die Unterscheidung zwischen den
mit Preisen bewerteten Güterbündeln (also einer monetären
Größe) und den Nutzen (die als ein Wohlfahrtsindex verstanden
werden) übersehen. Man findet in der Literatur immer wieder
Beispiele dafür, daß die Nutzen als kardinale Größen aufgefaßt
und diskontiert werden.[13] Dagegen gibt es zwei gravierende Einwände - einen ethischen und einen methodischen oder meßtheore-
tischen Einwand.

Der ethische Einwand ist, daß eine Diskontierung der Wohlfahrt gegen den Unparteilichkeitsgrundsatz verstößt. Warum soll
denn die Wohlfahrt der später Lebenden weniger wert sein als die
der früher Lebenden? Den ethischen Einwand kann man natürlich
bestreiten. Man kann ihn aber nur bestreiten, wenn man den
Unparteilichkeitsgrundsatz aufgibt und damit ein Fundamen-
talprinzip (fast) jeder Ethik.[14] Später, in den Kapiteln 5 und 6,
wird eine Konzeption von Gerechtigkeit als Gleichheit verteidigt.

---

12 Vgl. dazu Birnbacher (1988, 88).

13 Z.B. bei Hotelling (1931, 143) oder bei Siebert (1983, 105).

14 Chichilnisky (1996) präzisiert diesen Einwand gegen die Diskontierung
   von Nutzen. Der Nutzen der in ferner Zukunft lebenden Generationen
   wird bei einer Diskontierung beliebig klein. Daher nimmt die gegenwärtige Generation bei Entscheidungen, die auf Grund diskontierter
   Nutzensummen getroffen werden, eine diktatorische Position ein. Der
   Unparteilichkeitsgrundsatz wird verletzt (vgl. Theorem 1).

Systematisch schwerer wiegt der meßtheoretische Einwand. Um Kosten und Erträge zu verschiedenen Zeitpunkten zu vergleichen, braucht man einen Maßstab. Ein solcher Maßstab ist für die Fragestellung nur brauchbar, wenn er als zeitlich invariant gedacht wird. Um sich dies zu verdeutlichen, stelle man sich die Frage, wie man die Längen zweier Gegenstände vergleichen könnte, wenn sich der Maßstab während des Transports von einem Gegenstand zum anderen verkürzt oder verlängert. Die Verfügbarkeit eines invarianten Maßstabs ist ein *meßtheoretisches a priori*.[15] Ebenso müssen natürlich die kardinal konstruierten Nutzen, die den Güterbündeln zugeordnet werden, zeitlich invariant sein. Eine Nutzeneinheit ist eine Nutzeneinheit, ganz gleich, aus welcher zeitlichen Distanz sie betrachtet wird. Auch das utilitaristische Nutzenmaximierungsziel kann gar nicht formuliert werden, ohne einen zeitlich invarianten Nutzenmaßstab vorauszusetzen. Man kann dieser Überlegung hinzufügen, daß es gerade das Problem des interpersonellen Nutzenvergleichs ist, einen interpersonell invarianten Maßstab zu entwickeln. Dagegen ist dieses Problem in der Risikodimension gelöst. Hier gibt die Wahrscheinlichkeit ein über die möglichen Zustände invariantes Maß. Festzuhalten ist als Zwischenergebnis, daß Wohlfahrt oder Nutzen nicht diskontiert werden können; diskontiert werden kann nur der Wert der Güter.

Warum können aber zukünftige Güter weniger wert sein als gegenwärtige? Bei aller Unsicherheit über die Zukunft dürfen wir doch erwarten, daß unsere Kinder und Enkel und die Menschen, die in einhundert oder zweihundert Jahren leben werden, die gleichen Grundbedürfnisse haben werden wie wir selbst; und gleiche oder doch ähnliche Güter werden diese Bedürfnisse zu befriedigen vermögen. Warum sollte ihnen Kleidung, Nahrung und Wohnung weniger wert sein als uns?

---

15 Vgl. dazu Dingler (1955, 161 ff).

Die erste systematische Untersuchung dieser Frage findet sich in Böhm-Bawerks Kapitaltheorie (1889). Böhm-Bawerk beschäftigt sich mit der Frage, warum es einen positiven Zins gibt. Wenn es einen positiven Zins gibt, dann kann man mit einer Geldeinheit heute mehr Güter kaufen als mit einer Geldeinheit morgen, d.h. aus heutiger Sicht sind die heute zu kaufenden Güter wertvoller als die morgen zu kaufenden. Das heißt aber gerade, daß der Wert der zukünftigen Güter diskontiert wird, und zwar mit der Rate, die dem Zinssatz entspricht.

Böhm-Bawerk nennt drei Gründe für einen positiven Zins. Im folgenden möchte ich für diese Gründe die Frage stellen, ob sie auch Rechtfertigungen für eine Diskontierung darstellen.

Der erste Grund besteht nach Böhm-Bawerk (1889, 262) "in der Verschiedenheit des Verhältnisses von Bedarf und Deckung in den verschiedenen Zeiträumen". Dabei werden ein steigendes Versorgungsniveau und abnehmende Grenzwohlfahrt angenommen.

Der zweite Grund besteht in einer subjektiven Minderschätzung zukünftiger Bedürfnisse.

Drittens hat Zeit die Rolle eines Produktionsfaktors. Technische Fortschritte und Investitionen führen dazu, daß spätere Güter billiger hergestellt werden können als heutige.

Böhm-Bawerk nennt noch einen weiteren Grund, den er aber von den drei anderen deutlich absetzt: die Unsicherheit der Zukunft. Insofern zukünftige Ereignisse unsicher sind, muß der Wert, den wir diesen Ereignissen zumessen, mit der Wahrscheinlichkeit gewichtet werden, mit der die Ereignisse eintreten. Kredite sind hier ein Beispiel. Konsumentenkredite sind teurer als Hypothekendarlehen. Bei letzteren ist die Rückzahlung besser gesichert als bei ersteren. Streng genommen darf man aber nicht sagen, es handele sich dabei um einen höheren Zins, denn der Aufschlag hat mit der zeitlichen Struktur des Kredits zunächst nichts zu tun. Es handelt sich um eine Risikoprämie. Risikoprämien haben oft die Gestalt eines Zinses. Dies hängt auch damit zusammen, daß die zukünftigen Ereignisse im allgemeinen um so unsicherer sind, je weiter sie in der Zukunft liegen.

Der empirisch beobachtbare Zins wird immer einen Anteil Risikoprämie beinhalten. Diesen Anteil zu bestimmen, ist in der Praxis sicher schwierig, es ist aber dennoch sinnvoll und möglich, die Risikoprämie gedanklich und begrifflich vom Zins zu trennen. Bei der Diskussion der drei Böhm-Bawerk'schen Gründe spielt Risiko keine Rolle. Wir nehmen an, wir könnten zukünftige Entwicklungen perfekt vorhersagen. Zins in diesem Sinne beruht allein auf der zeitlichen Dimension. Ich werde aber noch einmal auf die Risikodimension zurückkommen.

Sehen wir uns die drei Gründe nun genauer an. Künftige Güter sind weniger wert als heutige, weil in der Zukunft das Verhältnis von Bedarf und Deckung günstiger ist (Böhm-Bawerk, 1889, 262). Böhm-Bawerk geht bei diesem Grund von zwei Voraussetzungen aus. Erstens, wie schon erwähnt, ist ein Gut bei reichlicherer Versorgung (in der Zukunft) weniger wert, da die Grenzwohlfahrt des Güterkonsums abnimmt. Diese Idee, die auf Gossen (1854) zurückgeht, ist in der Ökonomik allgemein akzeptiert. Nehmen wir die abnehmende Grenzwohlfahrt steigender Güterversorgung als gegeben hin, dann bleibt noch, zweitens, zu begründen, warum erwartet werden darf, daß sich die Güterversorgung im Zeitablauf verbessert. Böhm-Bawerk selbst stellt fest, daß in einer Situation, in der eine größere Knappheit für die Zukunft erwartet wird, nicht die gegenwärtigen, sondern die zukünftigen Güter höher bewertet werden. Die Bewertung der Güter hängt hier offensichtlich nicht von ihrer zeitlichen Position ab, sondern allein von den Knappheitsbedingungen zum jeweiligen Zeitpunkt. Böhm-Bawerks erster Grund trifft also nur zu, wenn eine Wirtschaft im Zeitablauf wächst und wenn dadurch die Mittel der Versorgung wachsen. Im langfristigen Mittel trifft dies auf viele Volkswirtschaften zu, aber in unterschiedlichem Maße. Der erste Grund trifft vor allem nur zu, solange die Wirtschaft wächst. Bei der Bewertung sehr langfristiger Projekte muß also die Frage gestellt werden, ob langfristiges Wachstum realistisch ist oder ob wir in absehbarer Zeit mit Grenzen des Wachstums rechnen müssen. Darüber hinaus könnte es der Fall sein, daß in der Praxis der Sozialproduktsrechnung die Wachstumsrate überschätzt wird, und zwar deswegen, weil im Zuge der wirtschaftlichen Entwicklung immer mehr Eigenproduktion der Haushalte durch den Bezug von Gütern über den Markt ersetzt wird. Dadurch wird zwar mehr gemessen, aber nicht mehr produziert. Ferner fehlt in der Sozialproduktsrechnung eine Abschreibung für den Ressourcenverbrauch und die Schädigung der natürlichen Umwelt. Auch dadurch wird die Wachstumsrate überschätzt. Soweit der erste Grund. Ich gehe nun direkt zum dritten Grund über und stelle den zweiten zunächst zurück.

Als dritten Grund nennt Böhm-Bawerk (1889, 274) "daß zeitraubende Produktionsumwege ergiebiger sind". Im Gegensatz zum ersten Grund spielt Zeit hier eine wesentliche Rolle. Die Grundidee kann leicht erklärt werden. Wir nehmen an, ein Konsumgut läßt sich direkt produzieren, allein mit dem Produktionsfaktor Arbeit. Es gibt aber noch eine zweite Technologie zur Herstellung des Gutes, nämlich indem zunächst ein Werkzeug hergestellt wird, mit dessen Hilfe dann mehr Güter produziert werden können. Zu berücksichtigen ist aber, daß die Herstellung des Werkzeuges Zeit braucht und das zweite Produktionsverfahren zwar mehr Güter, diese aber zu einem späteren Zeitpunkt liefert. Wer nun bereit ist, mit dem Konsum zu warten, wird für das Warten mit einem Mehr an Gütern entschädigt. Kurz gesagt, spätere Güter sind leichter zu produzieren als frühere. Der dritte Grund für einen positiven Zins liegt also in der produktiven Verlängerung der Produktionsperiode. Man kann die Zeit als Produktionsfaktor betrachten, und der Zins ist die Entlohnung des Produktionsfaktors Zeit. Daß die zukünftigen Güter leichter herzustellen sind, macht sie nun allerdings nicht allein weniger wertvoll. Der Wert der Güter ergibt sich letztlich aus der Wohlfahrt, die sie stiften. Nur auf indirektem Wege, unter Bezugnahme auf den ersten Grund, kann von zukünftigen Gütern gezeigt werden, daß sie weniger wert sind. Die Verwendung der produktiveren, aber Zeit beanspruchenden Technologie führt zu mehr zukünftigen Gütern. Eine abnehmende Grenzwohlfahrt der Güter sorgt dafür, daß diese Güter dann weniger wert sind. Der erste und dritte Grund sind also stets im Zusammenhang zu betrachten. Die erwartete bessere Versorgung in der Zukunft erlaubt eine Diskontierung. Dies ist, was der erste Grund besagt. Mit Hilfe des dritten können wir hinzufügen, daß die zeitliche Streckung der Produktion (durch Investitionen) für mehr Güter in der Zukunft sorgt. Das Zusammenwirken von erstem und drittem Grund rechtfertigt eine positive soziale Diskontrate.

Der umstrittene Problemfall ist Böhm-Bawerks zweiter Grund: die Minderschätzung zukünftiger Güter, bloß weil sie zukünftige sind. Umstritten ist dabei weniger, ob eine Minderschätzung zukünftiger Güter unter sonst gleichen Umständen erfolgt, sondern wie eine solche Minderschätzung zu beurteilen ist? Handelt es sich um Kurzsichtigkeit (Strotz 1955), Ungeduld (Fisher 1930, 51 ff) oder um das mangelnde Vermögen, sich zukünftige Empfindungen vorzustellen (Pigou 1932, 25) – also eine Art Willensschwäche, die mit rationalem Entscheiden unvereinbar ist? Oder ist auch hier das Prinzip der Konsumentensouveränität in Anschlag zu bringen, das die individuellen Entscheidungen und das Marktresultat, das sich aus ihnen ergibt, als letzten Maßstab der Bewertung nimmt? Ganz gleich, welche Position man hier bezieht, jedenfalls bewirkt die Minderschätzung der zukünftigen Güter, daß heutiger Konsum späterem vorgezogen wird. Man wird versuchen, Erträge hin zu früheren und Kosten hin zu späteren Zeitpunkten zu verlagern. Dies kann man z.B. durch einen Kosumkredit erreichen. Eine verbreitete Minderschätzung würde dann zu stärkerer Kreditnachfrage und höheren Zinsen führen. Die Frage, die sich an den zweiten Böhm-Bawerk'schen Grund knüpft, ist folglich, ob der Zinsanteil, der sich aus der Minderschätzung der Zukunft ergibt, auch bei der Diskontierung in Anschlag gebracht werden darf. Die Antwort hängt davon ab, ob die Minderschätzung als rational gelten kann. Ganz generell erfolgt die Bewertung von Gütern mit Rückgriff auf die Präferenzen der Individuen. Wie sollte sie auch sonst erfolgen. Demnach müßte man die Diskontierung – also den geringeren Wert der späteren Güter – akzeptieren, weil dies den Präferenzen entspricht. Wenn allerdings die Minderschätzung auf einer irrationalen Kurzsichtigkeit beruht, dann kann die sich daraus ergebende Diskontierung nicht gerechtfertigt werden. Wenn der Wert der Zukunft aufgrund von Ungeduld und Kurzsichtigkeit unterschätzt wird, führt dies zu einer falschen Bewertung unserer Handlungen und Projekte.

Ob wir den zweiten Böhm-Bawerk'schen Grund als Rechtfertigung der Diskontierung akzeptieren, hängt von der Rationalität der Minderschätzung zukünftiger Güter ab. Schon durch die Wortwahl machen Fisher, Pigou und Strotz klar, daß sie die Minderschätzung für irrational halten. Dieser Position haben sich von Stackelberg (1938) und Bernholz (1964 und 1965) entgegengestellt. Von Stackelberg versucht zu zeigen, daß bei positivem Zins eine Minderschätzung zukünftiger Güter rational ist. Bernholz hat von Stackelbergs Argumentation vereinfacht und ergänzt. Bernholz (1964, 245) führt eine einfache Definition von Minderschätzung ein; denn natürlich muß erst einmal präzisiert werden, worüber man streitet.

Minderschätzung ist dann gegeben, wenn von zwei Konsumpfaden, die sich nur durch die zeitliche Folge der Konsumbündel unterscheiden, der vorgezogen wird, bei dem größerer Konsum zu einem früheren Zeitpunkt stattfindet.

Betrachten wir die Konsumpfade

$$a = (a_0, ..., a_j, ..., a_k, ..., a_n)$$
und
$$a' = (a_0, ..., a_k, ..., a_j, ..., a_n),$$

dann sollte, wenn keine Minderschätzung vorliegt, $U(a) = U(a')$ gelten. Dabei ist a_j der Konsum in Periode j und U eine wie üblich definierte ordinale Nutzenfunktion, die die Präferenzordnung des Entscheiders über der Menge der Konsumpfade repräsentiert. Minderschätzung liegt vor, wenn für $a_k > a_j$ gilt, daß

$$U(a') > U(a).$$

Bernholz (1964 und 1965) kann nun zeigen, daß eine solche Minderschätzung vorliegt, wenn ein Entscheider eine

- vollständige und transitive Präferenzordnung über der Menge der Konsumpfade hat,
- aus der Menge der möglichen Konsumpfade den besten wählt (Maximierungsverhalten),
- einen (schwach) dominierenden Pfad immer einem (schwach) dominierten vorordnet.

Weiterhin wird angenomen, daß sich für drei Konsumpfade (Vektoren) a, b, c, für die gilt $U(b) > U(a) > U(c)$, stets eine Linearkombination der Vektoren b und c finden läßt, so daß

$$U(tb + (1-t)c) = U(a), \text{ wobei } t \in [0,1].$$

Die Minderschätzung kann bei Geltung dieser Bedingungen nachgewiesen werden, wenn der Abstand zwischen den Perioden j und k hinreichend groß ist.

Eine vorläufige Schlußfolgerung aus Bernholz' Beweis der Minderschätzung ist nun, daß wir auch den zweiten Böhm-Bawerk'schen Grund als Rechtfertigung der Diskontierung akzeptieren müssen. Eine Minderschätzung scheint den Präferenzen rationaler Entscheider zu entsprechen. Eine *vorläufige* Schlußfolgerung ist dies aber deswegen, weil der Beweis der Minderschätzung (wie jeder Beweis) von Annahmen ausgeht, und zwar von einigen impliziten Annahmen, die problematisch sind.

Erstens konnte Bernholz die Minderschätzung nur für den Fall zeigen, daß zwischen zwei Perioden j und k ein hinreichend langer Zeitraum liegt. Für Entscheider mit endlichem Zeithorizont, wie wir es sind, ist also kein allgemeiner Beweis geführt, daß Minderschätzung rational sein kann.

Zweitens schließt Bernholz alle Externalitäten aus. Ein Entscheider kann zwar den Konsum in der Gegenwart auf Kosten seiner Konsummöglichkeiten in der Zukunft steigern. Allerdings muß er selbst die Kosten irgendwann tragen. Bei der Diskussion um die soziale Diskontrate spielen dagegen gerade Externalitäten eine entscheidende Rolle. Solange wir nur unsere eigene Zukunft gefährden, kann man dagegen nichts einwenden. So jedenfalls könnte man das Bernholz'sche Argument interpretieren. Es bleibt also "nur" ein moralisches Argument: Wir dürfen Kosten nicht so weit in die Zukunft verlagern, daß nicht wir, sondern zukünftige Generationen diese Kosten zu tragen haben.

Welche Folgerungen ergeben sich aus diesen Überlegungen für die angemessene Höhe der Diskontrate? Der Marktzins, der zur Diskontierung herangezogen wird, wenn die Rentabilität einzelwirtschaftlicher Investitionsprojekte beurteilt werden soll, scheint zu hoch. Nach dem ersten und dritten der Böhm-Bawerk'schen Gründe müßte die reale Wachstumsrate der Volkswirtschaft herangezogen werden. Diese müßte allerdings korrekt ermittelt werden. Auf S. 37 hatte ich schon auf zwei Einwände hingewiesen, die gegen die Sozialproduktsrechnung erhoben werden, auf der die Berechnung der Wachstumsrate beruht. Der Zins könnte aber auch deswegen zu hoch sein, weil Angebot und Nachfrage der Zukünftigen auf unseren Märkten nicht oder nur unzureichend wirksam wird. Weil kein vollständiges System von Zukunfts-

märkten besteht, werden manche Kosten, die wir den Zukünftigen aufbürden, nicht berücksichtigt. Wir haben es mit einem
Externalitätenproblem zu tun. Der Marktzins drückt daher nicht
die "wahre" Preisrelation zwischen heutigen und zukünftigen Gütern aus. Der Wert der heutigen Güter wird im Vergleich zu den
zukünftigen Gütern überschätzt.[16] Wenn wir nun von Meßpro-
blemen und fehlenden Märkten einmal absehen, so müssen wir
den ersten und dritten der Böhm-Bawerk'schen Gründe akzeptieren und eine positive Diskontrate in Höhe der realen (und richtig
gemessenen) Wachstumsrate zulassen.

Der Anteil des Marktzinses, der auf dem zweiten Böhm-Bawerk'schen Grund beruht, darf allerdings nur dann Berücksichtigung finden, wenn die Minderschätzung der Zukunft nicht dazu
führt, daß den Zukünftigen die Kosten des gegenwärtigen Konsums aufgebürdet werden.

Ein weiterer Punkt, der den Marktzins als zu hoch erscheinen
läßt, ist die zuvor bereits erwähnte Unsicherheit der Zukunft. Der
Marktzins enthält auch Elemente der Risikodiskontierung. Dabei
sind die Risikoprämien, die ein einzelner Entscheider oder Inve-
stor veranschlagt, zu hoch. Nicht alle Risiken, die der einzelne
sieht, sind auch Risiken für die Gesellschaft. Die Spar- und Inves-
titionsentscheidungen der einzelnen müssen daher nicht zum
Besten der Gesellschaft sein. Wenn eine Risikodiskontierung für
den einzelnen rational ist und aus diesem Grund eine Investition
unterbleibt, kann dies gesamtwirtschaftlich durchaus eine
schlechte Entscheidung sein. Dies gilt immer dann, wenn die Diskontierung aufgrund von persönlichen Risiken vorgenommen
wird, die aber nicht Risiken für die Gesellschaft sind. Wer einen
Wald nicht pflanzt, weil er selbst das Holz nicht mehr wird nutzen können, unterläßt vielleicht eine im utilitaristischen Kalkül

---

16 Die Frage, inwiefern der Marktmechanismus in der Lage ist, für die Zukünftigen zu sorgen, wird in Kapitel 6 noch ausführlicher diskutiert.

richtige Investition; denn der Holzertrag wäre für andere nutzbar. Wer aber einen Wald deswegen nicht pflanzt, weil das Risiko eines Waldbrandes sehr hoch ist, nimmt eine nach utilitaristischem Kalkül angemessene Risikodiskontierung vor. Die Wohlfahrt der Zukünftigen darf (und muß) also mit der Wahrscheinlichkeit gewichtet werden, mit der sie eintritt.

Der tatsächlich beobachtete Marktzinssatz, der in der Ressourcenökonomik und der Nutzen-Kosten-Analyse üblicherweise als Diskontrate herangezogen wird, ist ein Ergebnis der Marktkräfte. Das Marktergebnis ist aber nicht frei von Externalitäten und spiegelt die persönlicher Risikodiskontierung. Der Marktzins enthält also Elemente, die ihn aus normativer Perspektive als Diskontrate ungeeignet erscheinen lassen. Eine utilitaristisch richtige Diskontrate wäre sicher geringer als der Marktzins. Allerdings ist eine Isolierung und quantitative Bestimmung der einzelnen Einflußgrößen auf den Marktzins schwierig. Für die Frage nach der richtigen Diskontrate ist weiterer Forschungsbedarf anzumelden.[17]

---

17 In Abschnitt 9.3 komme ich auf die Frage der intertemporalen Aggregation zurück.

4. Ökologische Ökonomik - eine Alternative?

Die utilitaristisch geprägte Ressourcenökonomik ist in den letzten Jahren zunehmend in die Kritik geraten. Unter der Bezeichnung "ökologische Ökonomik" sind Gegenentwürfe zum *main stream* der Ressourcenökonomik entstanden, die durch zwei Merkmale gekennzeichnet sind. Ökologische Ökonomik versucht erstens, die von der Ökonomik sonst vernachlässigte Eingebundenheit des Wirtschaftens in die Natur angemessen zu berücksichtigen. Das traditionelle Paradigma des Wirtschafts*kreislaufs* täuscht über die Tatsache hinweg, daß natürliche Ressourcen als Inputs und Abfälle als Outputs den Betrieb des Wirtschaftskreislaufs überhaupt erst ermöglichen. Es gibt keinen geschlossenen Kreislauf des Wirtschaftens. Zweitens verwirft die ökologische Ökonomik das utilitaristische Maximierungskalkül zugunsten des Begriffs der Nachhaltigkeit.

In den drei Abschnitten dieses Kapitels sind zunächst die natürlichen Grundlagen des Wirtschaftens zu skizzieren (4.1). Dann wird die normative Vorgabe des nachhaltigen Wirtschaftens formuliert (4.2) und einer kritischen Betrachtung unterzogen (4.3).

4.1 Die natürlichen Grundlagen des Wirtschaftens

Das Anliegen der ökologischen Ökonomik ist es, die Perspektive der Naturwissenschaften in eine Betrachtung des Wirtschaftens zu integrieren. Alle Wirtschaftsprozesse sind stoffgebunden, d.h. sie sind an Energie- und Materialflüsse gekoppelt, für die eben nicht nur die Gesetze der Ökonomik, sondern insbesondere auch die Naturgesetze gelten. Eine Betrachtung des Wirtschaftssystems aus naturwissenschaftlicher Perspektive ermöglicht es, die Begrenzungen, denen wir unterworfen sind, d.h. die Knappheitsbedingungen des Wirtschaftens genauer zu beschreiben. Dabei beziehen sich die Überlegungen besonders auf die Dynamik belebter Systeme, die Grundlage unseres Lebens sind, oder besser, in die menschliches Leben integriert ist. Darauf nimmt die Bezeichnung "*ökologische* Ökonomik" bezug.

Neben der Integration des Menschen in Ökosysteme ist aber auch der Rückgriff auf die Ressourcen der unbelebten Natur überlebenswichtig. Nicholas Georgescu-Roegen (1971) hat als einer der ersten die physikalischen Grundlagen der Ressourcennutzung diskutiert. In seiner bekannt gewordenen Monographie *The Entropy Law and the Economic Process* untersucht er die Konsequenzen der Thermodynamik für die langfristigen Perspektiven unseres Wirtschaftssystems. Alle physikalischen Prozesse unterliegen den beiden Hauptsätzen der Thermodynamik:[1]

• In einem geschlossenen System geht keine Energie verloren (Energieerhaltungssatz).

• In einem geschlossenen System nimmt die Entropie stets zu.

Was eine Zunahme der Entropie bedeutet, kann am besten an Beispielen erläutert werden. Bringt man Gase oder Flüssigkeiten gleichen spezifischen Gewichts zusammen, so durchmischen sich diese mit der Zeit vollständig. Gießt man ein heiße in eine kalte Flüssigkeit, so stellt sich mit der Zeit eine einheitliche Temperatur ein. Solche Prozesse laufen spontan ab, ohne daß von außen Energie zugeführt werden muß. Mit der Zunahme der Entropie eines System geht zwar keine Energie verloren, allerdings werden Formen nutzbarer Energie in nicht-nutzbare Energieformen überführt.[2] Dies ist z.B. bei allen Verbrennungsprozessen der Fall.

---

1 Vgl. dazu und für das folgende: Georgescu-Roegen (1971), Faber/Proops (1990), Stephan/Ahlheim (1996) sowie die Beiträge in Daly/Townsend (eds., 1993, Part I) und in Beckenbach/Diefenbacher (Hg., 1994).

2 Hierbei sollte man sich darüber im klaren sein, daß "Nutzbarkeit" kein physikalischer Begriff ist, sondern in die gesellschaftswissenschaftliche

Die bei der Verbrennung frei werdende Energie kann nur teilweise in Arbeit umgesetzt werden, ein anderer Teil wird als Wärme in die Umwelt abgegeben und ist für eine weitere Nutzung verloren. Auch bei Bewegungen bleibt unter den auf der Erde herrschenden Bedingungen die kinetische Energie nicht als solche erhalten, sondern ein Teil geht als Reibungswärme (für eine Nutzung) verloren. Eine Zunahme der Entropie ist mit einem Verlust an freier (d.h. nutzbarer) Energie verbunden. Der nutzbare Energievorrat eines Systems nimmt also ständig ab. Dagegen kann eine Abnahme der Entropie – und damit eine Zunahme nutzbarer Energie – nur in Teilbereichen eines Systems erreicht werden. Dazu muß aber freie Energie eingesetzt werden, und die Entropie in anderen Teilbereichen des Systems (und auch im Gesamtsystem) erhöht sich. So ist es möglich, ein Gas zu reinigen oder aus Erzen Metalle zu gewinnen. Dabei muß aber immer Energie eingesetzt werden, die in der Regel aus der Verbrennung fossiler Energieträger stammt.

Nun ist die Erde kein geschlossenes System, und die beiden Hauptsätze der Thermodynamik, die für geschlossene Systeme formuliert sind, sind streng genommen nicht anwendbar. Durch die Energielieferung der Sonne können auf der Erde Prozesse stattfinden, die die Entropie senken und für uns nutzbare Energie zur Verfügung stellen. So wird aus dem CO_2 der Luft durch die Photosynthese der Pflanzen Kohlenstoff gebunden, der dann z.B. in Form von Holz als freie Energie zur Verfügung steht. Allerdings ist die Energielieferung der Sonne beschränkt. Eine Einstrahlung von etwa 200 W/m^2 muß langfristig für alle Prozesse, die auf der Erde ablaufen, ausreichen: Atmosphären- und

---

Sphäre gehört. Vgl. dazu Heinemann (1994), Binswanger (1994) für eine ausführlichere Diskussion des Entropiebegriffs und Khalil (1990) für eine Kritik von Georgescu-Roegens Anwendung des Entropiegesetzes auf das Wirtschaftssystem.

Meeresströmungen, Pflanzenwachstum, Industrieproduktion, Transporte usw.[3] Selbst wenn wir einmal von den potentiellen Klimafolgen abstrahieren, ist es nur für einige wenige Generationen möglich, dieser Restriktion durch die Verbrennung fossiler Energieträger auszuweichen und so die heutigen Produktionsverfahren sowohl der Industrieproduktion als auch der Agrarproduktion der industrialisierten Länder und die damit verbundenen Konsumgewohnheiten aufrecht zu erhalten. Der Prozeß der Industrialisierung, der seit 200 Jahren immer weitere Teile der Erde erfaßt, ist langfristig nicht denkbar; jedenfalls, solange nicht technische Fortschritte stärker auf Energieeinsparungen zielen.[4]

Wir wirtschaften nicht nur mit einer negativen Energiebilanz, sondern verbrauchen auch stoffliche Ressourcen. Auch hier, wie bei der Energie, geht nicht eigentlich etwas verloren, sondern die Verwendbarkeit der Stoffe wird im Wirtschaftsprozeß vermindert. Durch Recycling kann der Verwendbarkeitsverlust zwar gebremst werden, das aber wiederum nur durch den Einsatz von Energie. Dabei gilt, daß ein vollständigeres Recycling eines größeren Energieinputs bedarf und ein vollkommenes Recycling ausgeschlossen ist.[5]

Neben den energetischen und stofflichen Anforderungen an die Umwelt ist menschliches Leben eingebettet in ein ganzes System belebter Organismen. Der Mensch lebt in einem Ökosystem und nimmt dabei Einfluß auf dieses System. Mit einer veränderten Lebensweise des Menschen verändert sich auch seine Umwelt. Diesen Prozeß hat Norgaard (1988) als *Ko-evolution* von

---

3   Vgl. Ebeling (1991, 346).

4   So ist die Landwirtschaft im Zuge ihrer Industrialisierung vom Nettoenergielieferanten (aus der Photosynthese der Pflanzen) zum Nettoenergieverbraucher geworden.

5   Vgl. Georgescu-Roegen (1971), Bianciardi et al. (1993) und Converse (1996).

Natur und Kultur beschrieben. Der Begriff "Ko-evolution" verweist darauf, daß die Entwicklung verschiedener Subsysteme nicht
unabhängig voneinander verläuft. Die Entwicklung von Kultur
und Technik ist mit der Entwicklung der natürlichen Umwelt
verzahnt.[6] Ein eindrucksvolles Beispiel für eine solche Verzah-
nung sind die mitteleuropäischen Agrarlandschaften, deren Artenvielfalt und -zusammensetzung wesentlich durch die verwendeten Landbautechniken geprägt sind.[7] Ein Ko-evolutionsprozeß ist
durch eine relative Stabilität des Ökosystems und geringe Ände-
rungsraten der Entwicklung gekennzeichnet. Die Stabilität des
Ökosystems schafft die Sicherheit, die zur Erhaltung und Gestaltung menschlichen Lebens notwendig ist. Eine sich schnell ändernde Umwelt birgt dagegen die Gefahr, daß die notwendigen
Anpassungen nicht rechtzeitig vollzogen werden und ist in jedem
Fall mit Anpassungskosten verbunden. Norgaard (1988) vertritt
nun die These, daß bis zum Beginn der industriellen Revolution
die menschliche Entwicklung ko-evolutionär verlaufen ist. Seit-
dem hat sich insbesondere durch die Nutzbarmachung der Energie aus fossilen Brennstoffen die kulturelle und wirtschaftliche
Entwicklung von der Entwicklung der natürlichen Umwelt teilweise abgekoppelt. Die Evolution der Arten, ihre Anpassung an
neue Lebensbedingungen verläuft zu langsam, um mit dem Prozeß
der Industrialisierung Schritt zu halten. Die angestammten Le-
bensräume vieler Tier- und Pflanzenarten sind dadurch so radikal
verändert worden, daß deren Lebensgrundlagen verlorengegangen
sind. Folge dieser Entwicklung ist ein "rasant" zu nennender Artenverlust. Nach Schätzungen betrug im Verlauf der letzten 200
Millionen Jahre die Aussterbensrate etwa 0,9 Arten pro Jahr; diese
Rate hat sich durch anthropogenen Einfluß um einen Faktor 1000

---

6 Vgl. dazu auch Pearce/Turner (1990, 25 f), Gowdy (1994) und Hinterberger (1994).

7 Vgl. Pirscher (1997, 7 ff).

bis 10 000 erhöht.[8] Artenverlust ist erstens ein Verlust genetischer Ressourcen, also von Optionen auf spätere Nutzungen.[9] Zweitens bedeutet ein Artenverlust diesen Ausmaßes einen Rückgang der Biodiversität, da die Neubildung von Arten viel langsamer verläuft. Letzteres könnte die künftige Entwicklungsfähigkeit und die Stabilität des Ökosystems beeinträchtigen. Zwar ist Beziehung zwischen Diversität und Stabilität nicht vollständig geklärt, es gibt aber Einzelbeispiele für die stabilisierende Wirkung größerer Vielfalt.[10] Hampicke (1991a) empfiehlt "[aus] Vorsichtsgründen und um auf der 'sicheren Seite' zu bleiben, [...] eine Bewahrung biosphärischer Vielfalt auch wegen ihrer möglichen Auswirkungen auf die Integrität lebenswichtiger Funktionen".

Durch diese kurzen Bemerkungen sollte die Bedeutung der energetischen und stofflichen Grundlagen des Wirtschaftens sowie die Eingebundenheit des menschlichen Lebens in die Biosphäre als Ganzes deutlich geworden sein. Es ist Verdienst und Anliegen der ökologischen Ökonomik hervorzuheben, auf welchen natürlichen Grundlagen unser Leben beruht. Allerdings ist das Problem der Erschöpfbarkeit nicht-erneuerbarer und erneuerbarer Ressourcen auch von der traditionellen Ressourcenökonomik der Hotelling-Tradition behandelt worden. Ökologische Ökonomik setzt hier zwar eigene Akzente – etwa durch die Einbeziehung des Entropiebegriffs oder die Betrachtung der Biodiversität –, sie läßt sich aber nicht klar von traditioneller Ressourcenökonomik abgrenzen. Auf der normativen Ebene weist die ökologische Ökonomik allerdings ein besonderes Merkmal auf. Die utilitaristische Maximierung wird als Aggregationsregel aufgegeben und

---

8 Vgl. dazu Hampicke (1991a, 37 ff), Lerch (1996, 53 ff) und die dort angegebene Literatur.
9 Zum Wert von Optionen vgl. insbesondere Weisbrod (1964), Arrow/
   Fisher (1974), Fisher/Krutilla (1974) und Fisher/Hanemann (1987).
10 Vgl. Hampicke (1991a, 32 f).

durch das Prinzip der Nachhaltigkeit ersetzt. Am Wohlfahrtsbegriff als Wertbasis hält die ökologische Ökonomik, wie im folgenden zu zeigen ist, jedoch weiter fest.

4.2 Das Nachhaltigkeitspostulat (Sustainability)

Wie alle Schlagwörter, die im politischen Kontext Verwendung
finden, ist auch "Nachhaltigkeit" ein schillernder, in verschiedenen Bedeutungen gebrauchter Begriff. Deshalb sind einige Ausführungen zu Begriffsgeschichte und Bedeutung von "Nachhaltigkeit" notwendig.

Maßnahmen zur Sicherung dauerhafter Erträge aus der Bewirt-
schaftung von Ressourcen sind erstmals für die Forstwirtschaft des
späten Mittelalters dokumentiert. Durch anhaltenden Bevölke-
rungsdruck und damit verbundene Rodungen war es zu Holz-
knappheiten gekommen, die durch den Erlaß von Waldordnun-
gen gemildert werden sollten.[11] Die Idee eines dauerhaft zu
sichernden Ertrages ist zuerst durch den sächsischen Forstmann
von Carlowitz (1713, 105) auf den Begriff "nachhaltende Nutzung" gebracht worden.[12] In der weiteren Entwicklung einer
systematischen Forstwirtschaft im 18. Jahrhundert hat sich der
Begriff der "Nachhaltigkeit" zur Bezeichnung eines langfristig
gesicherten kontinuierlichen Ertrages (*sustainable yield*) etabliert.
Die Verwendung des Begriffs ist aber auch in dieser Zeit keines-

---

11 Nutzinger (1995, 207) verweist auf die Nürnberger Waldordnung von
1294. Nach Zürcher (1965, 95) sind auch in der Schweiz bereits im 14.
Jahrhundert "einzelne *Wälder in Bann gelegt* worden", d.h. der Holzein-
schlag wurde untersagt.

12 Gemäß der Recherche von Zürcher (1965, 99). Im weiteren Verlauf des
18. Jahrhunderts wird der Begriff der Nachhaltigkeit von etlichen Forst-
wirten aufgegriffen bzw. verwendet. Er findet sich z.B. auch bei von
Justi (1761, Zweyte Abteilung, 444) in einem Abschnitt über Forstwirtschaft. Vgl. auch Radkau (1996, 34 f).

wegs vollkommen eindeutig. Es finden sich trotz der Beschränkung auf den Forstbereich verschiedene Interpretationen und
Interpretationsmöglichkeiten. "Nachhaltigkeit" kann sich auf den
Naturalertrag, den wertmäßigen Ertrag oder die Wachstums-
grundlagen des Waldes beziehen, sich auf die Holznutzung beschränken oder andere Leistungen des Waldes einbeziehen.[13]

Das *sustainable yield* Konzept konnte sich international in der
Forstwirtschaft durchsetzen, und ist darüber hinaus auch auf den
Agrarbereich übertragen worden.[14] Mittlerweile und besonders
seit der Publikation von *Our Common Future*, dem Bericht der
World Commission on Environment and Development (1987), ist
"Nachhaltigkeit" (*sustainability*) aber zum Programmbegriff der
Umweltpolitik überhaupt geworden.[15] Die Übertragung des Be-
griffs von der Forstwirtschaft in andere Bereiche bringt jedoch
zwei Probleme mit sich.

Einmal ergeben sich (weitere) Unbestimmtheiten. Betrachten
wir als Beispiel die Kernzone eines Naturschutzgebiets, die durch
Unter-Schutz-Stellung einer Nutzung entzogen wird. Im Sprach-
gebrauch der amerikanischen *Conservationists* beispielsweise ist
das Bewahren der Natur um ihrer selbst willen ein Beitrag zur
Nachhaltigkeit. "Nachhaltigkeit" kann dann aber nicht die dauerhafte Sicherung eines Ertrages meinen. Erst wenn der Nutzen des
Naturschutzes bestimmt würde und sich die Schutzkonzepte an
diesem Nutzen orientierten, wäre das Nachhaltigkeitskonzept in
seinem ursprünglichen Sinne anwendbar. Durch die Verwendung
des Nachhaltigkeitsbegriffs im Naturschutz wird der Begriff also
verändert und erweitert. Die Vieldeutigkeit des Nachhaltigkeitsbegriffs in der neueren Diskussion wird eindrucksvoll von Pezzey

---

13 Vgl. Peters (1984, 4 ff).

14 Vgl. Clawson/Sedjo (1984).

15 Für den deutschen Sprachraum kann man also von einem Reimport des
   Begriffs sprechen.

(1992, Appendix 1) belegt, der etwa 60 verschiedene Definitionsversuche zitiert. Pezzey (1992, 1) resümiert: "The diversity of and conflicts between these definitions is self-evident, showing that sustainability is fast becoming a 'motherhood and apple pie' concept, which everyone supports but no one defines consistently."

Zweitens können sich sogar Widersprüche im Konzept der Nachhaltigkeit ergeben, wenn eine nachhaltige Nutzung auf alle Ressourcen, also auch auf nicht-erneuerbare Ressourcen, bezogen wird. Ein endlicher Vorrat einer nicht-erneuerbaren Ressource kann zumindest keinen dauerhaften Naturalertrag bringen. Ein dauerhafter wertmäßiger Ertrag ist dagegen theoretisch denkbar. Dazu muß die Ressourcenentnahme im Zeitablauf fallen, während der Ressourcenpreis steigt, wobei die Abnahmerate der Entnahme mindestens gleich der reziproken Steigerungsrate des Ressourcenpreises sein muß. Dabei ist allerdings zu bedenken, daß in diesem Fall nur die Ressourcenanbieter einen über die Zeit konstanten Erlös realisieren können, während die Nachfrager für den entrichteten Preis weniger von der Ressource zur Nutzung erhalten. Sie müssen also ihr Konsumniveau im Zeitablauf reduzieren.

In der neueren Diskussion wird neben dem Begriff der Nachhaltigkeit auch der Begriff der nachhaltigen Entwicklung (*sustainable development*) verwendet. Damit ist eine weitere begriffliche Ausweitung verbunden. Pearce et al. (1990, 2) präsentieren die folgende Liste von Entwicklungsmerkmalen: Pro-Kopf-Einkommen, Gesundheit und Ernährungszustand, Bildung, Zugang zu Ressourcen, gerechte Einkommensverteilung und Grundfreiheiten. Mit "nachhaltiger Entwicklung" ist dann eine Situation zu bezeichnen, in der sich der Vektor der Entwicklungsmerkmale zumindest nicht verschlechtert.[16] Unbestimmt ist eine solche Definition nicht nur im Hinblick auf einzelne Merkmale, wie etwa eine gerechte Einkommensverteilung, sondern

---

16 Pearce et al. (1990, 3).

auch in bezug auf die *trade-offs* zwischen Einzelmerkmalen. Kann
eine Erhöhung des Pro-Kopf-Einkommens eine Verschlechterung
bei den Grundfreiheiten kompensieren, so daß wir auch in so
einem Fall von einer nachhaltigen Entwicklung sprechen können?
    Anhand der Frage der Kompensation kann man Begriffe von
starker und schwacher nachhaltiger Entwicklung unterscheiden.
Ersterer erlaubt keine Kompensation; jedes einzelne Merkmal darf
für sich genommen keine Verschlechterung aufweisen. Bei einer
schwach nachhaltigen Entwicklung sind Verschlechterungen in
einzelnen Merkmalen möglich, wenn diese durch Verbesserungen
bei anderen Merkmalen (über)kompensiert werden. Damit erfordert eine Operationalisierung und Präzisierung des Begriffs der
nachhaltigen Entwicklung zweierlei. Erstens müssen die für Entwicklung relevanten Merkmale erfaßt werden. Dabei darf es
weder Überschneidungen geben – wie etwa bei den Merkmalen
Ernährung und Gesundheit – noch dürfen Merkmale fehlen.
Zweitens müssen die *trade-offs* zwischen den Merkmalen bestimmt
sein. Für beide Probleme scheinen keine Lösungsvorschläge in
Sicht zu sein. Zumindest wird ein multidimensionales Konzept
nachhaltiger Entwicklung kaum weiter verfolgt. Die Operationalisierung der Nachhaltigkeitsidee erfolgt statt dessen unter
Rückgriff auf wohletablierte Konzepte in der Ökonomik.
Nachhaltigkeit wird als dauerhafte Sicherung des Konsumniveaus,
der Wohlfahrt oder des Kapitalstocks verstanden.[17] Gegenüber
traditionellen ressourcenökonomischen Ansätzen wird allerdings
die besondere Rolle des Naturkapitals hervorgehoben. Dazu
gehören anorganische und organische Rohstoffe, Energie, die
Schadstoff-Abbaukapazität der Ökosysteme, aber auch
Naturreservate und Landschaften. In diesem Kontext wird das
Naturkapital K_N abgegrenzt von produziertem Kapital, das
Maschinen, Gebäude, Verkehrswege usw. umfaßt und kurz als

---

17 Vgl. Nutzinger/Radke (1995, 20 ff) für einen Überblick.

Maschinenkapital K_M bezeichnet wird, und Humankapital K_H, also menschlichen Fertigkeiten und Fähigkeiten sowie menschlichem Wissen.

Nach dem Konzept der *strong sustainability* soll der Bestand an Naturkapital erhalten werden, d.h. ein Verlust an Naturkapital kann nicht durch einen größeren Bestand an produziertem Kapital oder Humankapital aufgewogen werden. Pearce/Turner (1990, 48 ff) begründen diese Sichtweise mit dem Hinweis auf die Nicht-Substituierbarkeit von Naturkapital durch Maschinenkapital und Humankapital. Naturkapital ist unverzichtbar, weil erstens Maschinenkapital und auch Humankapital nicht ohne den Verbrauch von Rohstoffen produziert werden kann. Zweitens können die vielfältigen Eigenschaften und Funktionen des Naturkapitals nicht in gleicher Weise von Substituten erfüllt werden. So kann Holz als Brennstoff durch andere Energieträger ersetzt werden; nicht ersetzt werden können aber die Funktionen des Waldes als Habitat für wildlebende Tiere und Pflanzen, als Wasser- und CO_2-Speicher, als Klimaregulator oder als Erholungsraum. Allerdings ist die Frage der Substituierbarkeit eine empirische Frage, die letztlich mit Bezug auf individuelle Bewertungen zu entscheiden ist.[18] Möglicherweise lassen sich für alle Funktionen, die eine natürliche Ressource erfüllt, Substitute finden, die die Nutzer für den Naturverlust entschädigen.

Ist Substituierbarkeit zwischen Naturkapital und Maschinen- bzw. Humankapital gegeben, findet das Konzept der *weak sustainability* Anwendung. Nach diesem Konzept soll das Gesamtkapital $K = K_N + K_M + K_H$ erhalten bleiben. Der Kapitalstock muß einen

---

18 Dies gilt jedenfalls dann, wenn man das Prinzip der Konsumentensouveränität akzeptiert. Dann muß man auf Kriegers (1973) Frage, was denn gegen Plastikbäume spricht, antworten: Nichts, wenn doch ein Erlebnispark mit künstlicher Landschaft die Besucher eher anlockt als ein Wald und sie dafür auch zu zahlen bereit sind.

nicht-abnehmenden Einkommensstrom liefern. Naturkapital kann dann unter der Bedingung verbraucht werden, daß Maschinen- und Humankapital entsprechend aufgestockt werden. Dazu müssen die Erträge (Renten) aus dem Verbrauch natürlicher Ressourcen reinvestiert werden. Diese Bedingung wird als Hartwick-Regel bezeichnet.[19] Der Lebensstandard kann dann auf Dauer erhalten werden.

Welches Konzept der Nachhaltigkeit tatsächlich relevant ist, hängt von der Substituierbarkeit von Naturkapital durch Maschinen- bzw. Humankapital ab. In einem Modell mit CES-Produktionsfunktion kann ein konstanter Einkommensstrom (schwache Nachhaltigkeit) nur gesichert werden, wenn die Substitutionselastizität zwischen Naturkapital und produziertem Kapital größer oder gleich 1 ist.[20] Ist dies nicht gegeben, dann kann für verbrauchtes Naturkapital kein ausreichender Ersatz geschaffen werden. Naturkapital stellt in diesem Fall eine essentielle Ressource dar, und daher wäre sein vollständiger Erhalt zu fordern (starke Nachhaltigkeit). Die damit verbundenen Probleme werden im folgenden Abschnitt diskutiert.

Den verschiedenen Varianten des Nachhaltigkeitsbegriffs ist gemeinsam, daß sie den Erhalt von Lebenschancen für zukünftige Generationen fordern. In einem Beitrag, den man als Programmschrift der ökologischen Ökonomik bezeichnen kann, formulieren Costanza et al. (1991, 6) das Ziel, Nachhaltigkeit für das ökologisch-ökonomische Gesamtsystem zu erreichen. Nachhaltigkeit wird hier definiert als "the amount of consumption that can be continued indefinitely without degrading the capital stocks – including 'natural capital' stocks".[21] Bei Pearce/Turner (1990) wird

---

19 Vgl. Hartwick (1977), Buchholz (1980) und (1984, 69 ff), Solow (1986) sowie Cabeza Gutés (1996).

20 Vgl. Hartwick (1978) und Cabeza Gutés (1996).

21 Costanza et al. (1991, 8); vgl. auch El Serafy (1991).

unter Nachhaltigkeit die dauerhafte Sicherung des Lebensstandards verstanden. Die Diskussion des Nachhaltigkeitsbegriffs
innerhalb der ökologischen Ökonomik – aber auch in der weiteren umweltökonomischen Debatte – konzentriert sich auf die
Wertbegriffe "Einkommen", "Lebensstandard" und "Wohlfahrt".[22]
Nachhaltigkeit fungiert als ein Prinzip intergenerationeller Fairness, das aber in bezug auf seine Wertbasis dem *welfarism* verhaf-
tet bleibt. Die ökologische Ökonomik richtet sich also gegen die
Aggregationsregel der Maximierung in der traditionellen Ressourcenökonomik, während die Wertbasis zumeist übernommen
wird.[23] Wird das Nachhaltigkeitskonzept auf den Wohlfahrtsbegriff bezogen, dann stellt sich die Aufgabe, die beste nachhaltige
Entwicklung zu charakterisieren, d.h. den Entwicklungspfad mit
dem höchsten dauerhaft sicherbaren Wohlfahrtsniveau zu bestimmen. Das Ziel einer nachhaltigen Entwicklung bedeutet dann
nichts anderes als intergenerationelle Maximin-Gerechtigkeit. Die
ökologische Ökonomik verbindet also die Wohlfahrt als Wertbasis mit einer Rawls'schen Aggregationsregel, die auf den intergenerationellen Fall angewendet wird. Mit anderen Worten: Es gilt
die Wohlfahrt der am schlechtesten gestellten Generation zu
maximieren.[24]

4.3 Die Beckerman-Kritik des Nachhaltigkeitsbegriffs

Das Nachhaltigkeitspostulat ist wegen seiner Vagheit der Kritik
ausgesetzt, solange seine Wertbasis nicht hinreichend bestimmt

---

22 Vgl. dazu Toman et al. (1995), den Überblicksartikel von Nutzinger/
   Radke (1995) oder Pezzey (1992, 11)
23 Als Ausnahmen sind jedoch Page (1982), Pearce et al. (1990, 2) und
   Howarth (1997) zu nennen, die "opportunities" und "basic freedoms" in
   die Wertbasis integrieren.
24 Vgl. dazu Buchholz (1984).

ist, d.h. solange nicht geklärt ist, was dauerhaft gesichert werden soll. Die ökologische Ökonomik muß also zunächst eine Präzisierung und Operationalisierung des Nachhaltigkeitskonzepts liefern. In einer besonders pointierten Kritik zeigt Beckerman (1994), daß der Versuch der Präzisierung des Nachhaltigkeitspostulats in ein Dilemma führt. Eine Präzisierung im Sinne von "*strong sustainability*" führt zu irrationalen und moralisch nicht akzeptablen Forderungen. Eine Abschwächung des Postulats führt aber zurück zu wohlfahrtsökonomischen Betrachtungen. Das Nachhaltigkeitspostulat ist also im besten Fall überflüssig, ansonsten aber fehlkonzipiert und moralisch fragwürdig. Diese Kritik soll im folgenden genauer betrachtet werden.

Das Problem des Nachhaltigkeitsbegriffs liegt für Beckerman (1994, 193) in einer Vermischung normativer und technologischer Aspekte. Daß etwas dauerhaft erhalten werden kann (technologische Nachhaltigkeit), läßt keinen Schluß auf seine Wünschbarkeit zu. Vielleicht können Armut und Elend dauerhaft erhalten werden, sie sind aber deswegen noch nicht erstrebenswert. In der Terminologie dieser Arbeit zielt Beckermans Kritik also zunächst auf die Unterbestimmtheit der Wertbasis.

Der zweite Schritt der Kritik untersucht dann mögliche Bestimmungen der Wertbasis, nämlich zunächst die Idee des Erhalts des Naturkapitals (*strong sustainability*). Nicht erneuerbare Ressourcen dürfen nach dem starken Nachhaltigkeitsprinzip gar nicht genutzt werden. Darüber hinaus können aber auch Aufwendungen zum Erhalt der Natur notwendig sein. Ein drohender Artenverlust muß ganz unabhängig von den damit verbundenen Kosten in jedem Falle abgewendet werden. Pflicht zur Naturerhaltung wird hier vor die menschlichen Bedürfnisse gestellt. Dies wird von Beckerman als moralisch unakzeptabel zurückgewiesen. Tatsächlich wird dieser Standpunkt nur von einigen Vertretern der

Deep Ecology eingenommen, die Eigenwerte der Natur proklamieren.[25]

Eine erste Abschwächung dieser Position erlaubt die Verwendung nicht-erneuerbarer Ressourcen, wenn im Gegenzug der Bestand an erneuerbaren natürlichen Ressourcen so aufgestockt wird, daß das Naturkapital insgesamt konstant bleibt. In dieser Forderung ist aber bereits implizit die Vorstellung enthalten, daß es nicht um die Erhaltung der Natur als solcher geht, sondern um die Rolle der Natur als produktive Ressource. Schon der Begriff des Natur*kapitals* weist in diese Richtung. Wenn es aber beim Naturerhalt um die Einkommen geht, die sich später aus ihrer Nutzung ergeben, dann gibt es keinen Grund, die Substitution von Naturkapital durch Maschinen- und Humankapital zu beschränken. Eine Substitution erscheint legitim – es geht allein darum, ob sie technologisch möglich ist. Dem Naturkapital kann aus dieser Perspektive keine besondere Rolle zukommen.

Akzeptiert man diese Kritik Beckermans, dann ist man auf den Wohlfahrtsbegriff zurückverwiesen. Tatsächlich basieren die Versuche, den Begriff der schwachen Nachhaltigkeit zu operationalisieren, auf traditionellen wohlfahrtsökonomischen Grundlagen.[26] Das schwache Nachhaltigkeitskonzept, wie es von Pearce (1993, 48) und Pezzey (1992, 11) definiert wird, verlangt, daß die Wohlfahrt im Zeitablauf nicht sinkt.

Im letzten Schritt seiner Kritik verweist Beckerman nun darauf, daß eine in diesem Sinne nachhaltige Entwicklung einer nicht-nachhaltigen unterlegen sein kann. Abbildung 4.1 zeigt einen solchen Fall; der nicht-nachhaltige Pfad $A + B$ pareto-dominiert einen nachhaltigen Pfad B. Ein Befolgen des Nachhaltig-

---

25 Einen besonderen Einfluß auf die *Deep Ecology* hat Leopolds (1949) "Land Ethic" ausgeübt. Vgl. auch Callicott (1984) und (1987).

26 So z.B. die Ansätze zur Messung der Nachhaltigkeit; vgl. Pearce/ Atkinson (1993), (1995), Pearce et al. (1996) oder Endres/Radke (1998).

keitspostulats kann zu Ineffizienzen führen. Dies kann dann der
Fall sein, wenn die Einkommensmöglichkeiten nicht frei zwischen den Generationen verschoben werden können, d.h wenn es
Restriktionen der Kapitalbildung oder des Kapitalverzehrs gibt.
Betrachten wir eine Inselökonomie, die vom Fischfang lebt und
die nur zu Beginn Investitionsmöglichkeiten hat. Sie kann den
nachhaltigen Pfad B in Abbildung 4.1 realisieren. Nehmen wir
nun weiter an, daß sich auf der Insel noch einige Kisten Schiffs-
zwieback unterschiedlicher Haltbarkeit und Größe befinden, die
gemäß dem Pfad A genutzt werden können. Insgesamt kann folglich der Pfad $A+B$ erreicht werden, der aber nicht nachhaltig ist.
Der beste nachhaltige Pfad ist der Pfad mit dem Wohlfahrtsniveau
$\bar{B}$, bei dem ein Teil des Schiffszwiebacks verdirbt. Wenn wir uns
ein unteilbares Konsumgut vorstellen, das man entweder ganz
oder gar nicht nutzen kann, dann kann gemäß dem Nachhaltigkeitsprinzip sogar nur der Pfad B realisiert werden. Dies zeigt, daß
nicht nur die Bedingung der Pareto-Effizienz verletzt ist, sondern
das Nachhaltigkeitspostulat auch nicht als intergenerationelles
Gerechtigkeitskriterium taugt, da der Pfad B nicht die Wohlfahrt
der am schlechtesten gestellten Generation maximiert und mithin
das Rawls'sche Unterschiedsprinzip verletzt.

Die Schlußfolgerung aus dieser Kritik ist, das Nachhaltigkeitspostulat zu verwerfen und das 'gute alte' Konzept der Optimalität
beizubehalten.[27] Dieses Konzept ist breit genug, um auch mit Ge-
rechtigkeitsvorstellungen rawlsianischen Typs vereinbar zu sein.
Optimal ist, was die Aussichten der Schlechtestgestellten maximiert. Das Nachhaltigkeitspostulat gibt in einigen Fällen die
falsche Antwort.

---

27 Beckermans Kritik wird auch von anderen Autoren unterstützt; vgl.
   Solow (1993), Dasgupta/Mäler (1995, 2393 ff) und Kirchgässner (1997)
   für ähnliche Einwände.

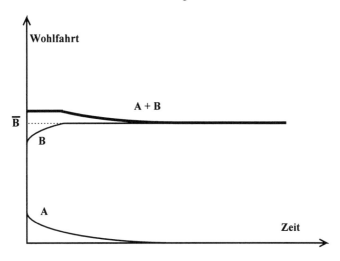

Abbildung 4.1: Nachhaltige und nicht-nachhaltige Entwicklung

Wenn wir allerdings annehmen, daß Konsum- und Wohlfahrts-
möglichkeiten durch Investitionen und Kapitalverzehr intertemporal verschiebbar sind, dann könnte der Begriff der Nachhaltigkeit als Kurzwort für "Maximin-Gerechtigkeit zwischen den
Generationen" beibehalten werden. In diesem Fall führt nämlich
die Maximierung der Wohlfahrt der Schlechtestgestellten zu
Nachhaltigkeit in bezug auf Wohlfahrt.

5. Kritik am Wohlfahrtsbegriff

Kein Buch eines Philosophen – sieht man von Adam Smith einmal ab – ist von Ökonomen so stark rezipiert worden wie John Rawls' *A Theory of Justice*. Die größte Aufmerksamkeit hat dabei Rawls' Kritik der utilitaristischen Maximierungsregel gefunden. Rawls schlägt eine andere Aggregationsregel vor, nämlich das Unterschiedsprinzip. Jedes moderne Lehrbuch der normativen Ökonomik (einschließlich der finanzwissenschaftlichen Lehrbücher) widmet heute der Bestimmung des Rawls-Punktes auf der gesellschaftlichen Nutzenmöglichkeitenkurve einen Abschnitt. Dabei wird das Unterschiedsprinzip angewendet, das in der Interpretation der Ökonomen lautet: "Maximiere die Wohlfahrt des am schlechtest gestellten Individuums".[1] Allerdings übersehen die Ökonomen dabei zumeist, daß Rawls' Kritik am Utilitarismus weiter geht. Rawls weist nicht nur die Aggregationsregel des Maximierens zurück, sondern auch die utilitaristische Wertbasis, d.h. den Wohlfahrtsbegriff.

Während die Kritik der Maximierungsregel erst in Kapitel 6 wieder aufgegriffen wird, steht in diesem Kapitel die Kritik am Wohlfahrtsbegriff als Wertbasis der normativen Ökonomik im Vordergrund. Neben Rawls ist Sen der prononcierteste Kritiker des *welfarism*, d.h. einer allein auf Wohlfahrt basierten normativen Ökonomik. Sens Kritik wird im nächsten Abschnitt erläutert. Dann folgt der Versuch einer Bestimmung des Gerechtigkeitsbegriffs, wobei Gerechtigkeit als Gleichheit aufgefaßt wird. Die ent-

---

1 Vgl. dazu Rawls (1971, §13). Rawls bezieht das Unterschiedsprinzip (das auch oft als Maximin-Regel bezeichnet wird) allerdings auf repräsentative Personen, die für gesellschaftliche Gruppen stehen. Er folgt damit nicht einem strengen methodologischen Individualismus.

scheidende Frage lautet: Gleichheit von was? In Abschnitt 5.2 wird diese Frage – die Frage nach der Wertbasis – zugunsten des Begriffs "Wahlfreiheit" beantwortet. Daran anknüpfend kann dann auch die Frage nach der intergenerationellen Gerechtigkeit einer vorläufigen Antwort zugeführt werden (Abschnitt 5.3).

5.1 Sens Kritik am Wohlfahrtsbegriff

In der Kritik der Wohlfahrtsökonomik wird meist das Problem der Meßbarkeit und interpersonellen Vergleichbarkeit von Wohlfahrt hervorgehoben. Aber es gibt außerdem einige tieferliegende Probleme, die selbst dann auftreten, wenn Meßbarkeit und Vergleichbarkeit gewährleistet sind oder gar nicht verlangt werden. Diese schwerer wiegende Kritik des Wohlfahrtsbegriffs ist vor allem von Amartya Sen formuliert worden.

In einem einflußreichen Artikel hat Sen (1970b) aufgezeigt, daß die paretianische Wohlfahrtsökonomik mit einer (minimalen) Sphäre individueller Rechte unvereinbar ist. Zwar ist Sens Analyse nicht unwidersprochen geblieben[2] und es ist versucht worden, die Konsequenzen der von Sen gezeigten Unmöglichkeit eines paretianischen Liberalismus abzumildern,[3] im Kern ist das von Sen formulierte Problem jedoch bis heute virulent. Es verweist auf einen Grundkonflikt in der Werttheorie der normativen Ökonomik, die einerseits auf dem Wohlfahrtsbegriff beruht, sich aber andererseits einer liberalen Grundhaltung verpflichtet fühlt und somit individuellen Rechten einen größeren Stellenwert einräumen möchte. Im paretianisch-liberalen Paradox zeigt sich die Schwierigkeit, individuelle Rechte in die Wertbasis der Wohlfahrtsökonomik zu integrieren.

---

2 Z.B. Ng (1971), Nozick (1974) oder Pressler (1987).

3 Z.B. Gibbard (1974) oder Harel/Nitzan (1987). Wriglesworth (1985) gibt einen Überblick. Vgl. auch Sen (1976).

In mehreren späteren Arbeiten hat Sen die Kritik an der Wohlfahrt als Wertbasis der normativen Ökonomik ergänzt und ausgebaut. Kurz zusammengefaßt besagt Sens Kritik, daß die Wohlfahrtsökonomik Rechte und Freiheiten vernachlässigt. Daher sollte die Ökonomik auf eine andere Wertbasis gegründet sein, die Rechten und Freiheiten einen Platz einräumt. Sens Kritik soll nun weiter ausgeführt werden, da sie richtungweisend für die folgenden Überlegungen zu einer adäquaten Wertbasis der Ressourcenökonomik ist.

Die utilitaristische Wohlfahrtsökonomik beurteilt gesellschaftliche Zustände allein auf der Basis der individuellen Wohlfahrt. Werden zwei Zustände miteinander verglichen, um zu beurteilen, welcher von beiden der bessere ist, dann geschieht dies durch den Vergleich der individuellen Wohlfahrt in beiden Situationen. Der ausschließliche Bezug auf Wohlfahrt ist aber fragwürdig. Sen (1979) gibt ein Beispiel, um dies zu erläutern. Vergleichen wir zwei Fälle: Im ersten Fall (A) betrachten wir zwei Personen, von denen die eine, a, arm ist, während die andere, r, gut verdient und sich ein kleines Vermögen zurückgelegt hat. Die Einkünfte ermöglichen den beiden ein bestimmtes Wohlfahrtsniveau, das aber unterschiedlich ausfällt, je nachdem, ob eine Steuer zur Umverteilung zugunsten der ärmeren Person erhoben wird (Situation y) oder nicht (Situation x). Die folgende Tabelle gibt die jeweilige Wohlfahrt an.

(A) Situationen	x (keine Steuer)	y (mit Steuer)
Personen		
r	10	8
a	4	7

Im zweiten Fall (B) ist r ein vielleicht etwas angeberischer Motorradfahrer, der sein neues Fahrzeug vorführen will, während a ein armer, frustrierter Arbeitsloser ist. Wieder sind zwei Situationen zu betrachten. In Situation z fährt r stolz an a vorbei. In Situation w allerdings rutscht r mit dem neuen Motorrad in den Graben, wobei das Motorrad und er selbst etliche Schrammen davon tragen. a, der den Unfall beobachtet, schüttelt sich vor Lachen und geht vergnügt davon. Für diesen Fall ergibt sich die jeweilige Wohlfahrt genau wie im zuvor beschriebenen Fall.

(B) Situationen	z (kein Unfall)	w (Unfall)
Personen		
r	10	8
a	4	7

Wenn nur Wohlfahrt zählt, dann muß jeder Vergleich zwischen z und w genau so ausfallen wie der zwischen x und y. Das muß unabhängig davon gelten, welche Aggregationsregel wir verwenden. In den geschilderten Fällen würden jedoch die meisten zwar Situation y für besser halten als Situation x, nicht jedoch w für besser als z. Eine solche Einschätzung ist mit einer allein auf dem Wohlfahrtsbegriff basierten Werttheorie, die Sen als *welfarism* bezeichnet, unvereinbar. Anzumerken ist, daß Wohlfahrt als Wertbasis den Wohlfahrtsökonomen nicht auf eine bestimmte Ordnung der zu vergleichenden Situationen festlegt. Man kann auch x für besser halten als y, wenn man etwa das *maximax*-Kriterium anwendet. *Welfarism* verlangt nur, das x und y in gleicher Weise geordnet werden wie z und w.[4]

Wenn unsere moralischen Intuitionen im Widerspruch zu dem stehen, was die wohlfahrtsökonomische Wertbasis erwarten läßt, sind entweder die Intuitionen mißgeleitet oder die Wertbasis ist nicht adäquat. Nun braucht sich aber ein Argument gegen die Wohlfahrtswertbasis nicht allein auf Intuitionen zu stützen. Vielmehr können weitere Gründe angegeben werden, warum wir die

---

4 Vgl. Sen (1979).

Konsequenzen einer reinen Wohlfahrtsbetrachtung in Fällen wie dem genannten Beispiel nicht akzeptieren wollen. Offensichtlich enthalten die Beispiele mehr moralisch relevante Information als nur die Angaben zur individuellen Wohlfahrt. Man kann hier auf zwei Aspekte verweisen. Erstens wird nicht jede Art des Wohlbefindens gleich bewertet. Positive Wohlfahrtswirkungen einer Steuer liefern ein Argument für diese Steuer, während Wohlfahrtssteigerungen, die auf Schadenfreude beruhen, nicht der Rechtfertigung, entsprechende Schäden zu verursachen, dienen können. Das Wohlfahrtskonzept gerät in Schwierigkeiten, wenn die Individuen nicht rationale Egoisten sind, sondern ein Teil ihres Wohlbefindens von Neid- und Mißgunstgefühlen oder auch vom Wohlwollen anderer gegenüber abhängt. Harsanyi (1982, 56), der für eine utilitaristische normative Ökonomik plädiert, möchte deswegen "antisoziale Präferenzen" aus der Betrachtung ausschließen. Goodin (1986) spricht vom "Waschen" der Präferenzen.

Aber auch Wohlwollen, ein an sich wünschenswertes moralisches Gefühl, wirft ein Problem für den *welfarism* auf. Folgendes Beispiel kann dies verdeutlichen. Zwei Arme (im folgenden *sie* und *er*) leben in einer ausweglosen Lage. Ihre Situation unterscheidet sich nur dadurch, daß *sie* Freunde hat, die an ihrem Schicksal Anteil nehmen, und selbst darunter leiden, daß es ihrer Freundin schlecht geht. Die Freunde haben jedoch nicht die Mittel, ihr zu helfen. *Er* ist dagegen einsam und isoliert. Eines Tages trifft eine Hilfslieferung ein, und es ist zu entscheiden, wie die Hilfsgüter an beide verteilt werden sollen. Sollen in einem solchen Fall die wohlwollenden Gefühle Dritter eine ausschlaggebende Rolle für die Verteilung der Güter spielen? Die gleichmäßige Berücksichtigung der Wohlfahrt aller und eine Maximierung der Gesamtwohlfahrt würde in diesen Fall bedeuten, dem Einsamen einen geringeren Anteil zu geben; denn die Güter, die die andere bekommt, erhöhen nicht nur ihre eigene Wohlfahrt, sondern eben auch die ihrer Freunde. Dieses Ergebnis kann man mit Hinweis darauf zurückweisen, daß die zu lindernde Not der Hilfsbedürftigen im Vordergrund steht; daher sollte die Wohlfahrt Dritter hier keine Berücksichtigung finden. Die Schlußfolgerung lautet hier also, daß bei Schadenfreude, Mißgunst und Neid, aber auch bei Mitgefühl und Wohlwollen – allgemein bei interdependenten Nutzen – die gleichmäßige Berücksichtigung allen Wohlbefindens zu unakzeptablen Ergebnissen führt. Beispiele dieser Art zeigen, daß nicht alle Wohlfahrt in gleichem Maße moralisch relevant ist.

Wohlfahrt kann also nicht mehr ohne weiteres als Wertbasis dienen, sondern sie muß zuvor als moralisch relevante oder irrelevante Wohlfahrt eingestuft werden. Eine solche Einstufung müßte Informationen über Bestimmungsgründe des Wohlbefindens berücksichtigen. Im Ergebnis wäre ein bereinigter Wohlfahrtsbegriff zu konstruieren, der das auf andere bezogene Wohlbefinden herausfiltert. Nur selbstbezogene Wohlfahrt zählt.

Aber auch ein so bereinigter Wohlfahrtsbegriff ist noch weiteren Schwierigkeiten ausgesetzt. In die moralische Beurteilung von Situationen müssen auch Informationen über Rechte einbezogen werden. Zwei Situationen können in allen Wohlfahrtsaspekten gleich sein, sich aber darin unterscheiden, ob ihr Zustandekommen mit einer Verletzung von Rechten verbunden war. Betrachten wir noch ein weiteres Beispiel (C).[5] Person r ist fleißig und erfolgreich und hat es zu einigem Wohlstand gebracht, während Person a arm und arbeitslos ist. Dies charakterisiert Situation s. Situation t unterscheidet sich von s dadurch, daß a sich durch einen Überfall einen Teil des Vermögens von r verschafft. Die Wohlfahrt sei in diesem Beispiel wieder in der gleichen Weise verteilt wie in dem zuvor diskutierten Fall (A). Trotzdem muß jemand, der für eine umverteilende Steuer plädiert, nicht auch gleichzeitig Überfälle für gerechtfertigt halten.

---

5 Vgl. Sen (1982) für eine ausführlichere Diskussion.

(C) Situationen	s (kein Überfall)	t (Überfall)
Personen		
r	10	8
a	4	7

Der entscheidende Unterschied der beiden Situationen besteht
darin, daß im Fall (C) in Situation t die Rechte von r verletzt
werden, während dies im Fall (A) in Situation y nicht der Fall ist,
jedenfalls dann nicht, wenn wir einmal unterstellen, daß die Be-
steuerung auf fairen, verfassungsmäßigen Grundsätzen beruht. Ein
allein auf Wohlfahrt basiertes Urteil kann keinen Unterschied
zwischen den Situationen (A) und (C) aufweisen. Es wird eine
wichtige moralische Dimension vernachlässigt.

Zwei Einwände sind denkbar. Erstens könnte man versuchen,
die Verletzung von Rechten als zusätzlichen Wohlfahrtsverlust in
das Kalkül zu integrieren. Wir könnten annehmen, r habe durch
den Überfall eine Nutzeneinheit an Wohlstand verloren, und die
zweite Einheit verlorener Wohlfahrt resultiere aus der erlittenen
Verletzung seiner Rechte. Wie soll dann aber der Fall beurteilt
werden, in dem r von einem geschickten Taschendieb bestohlen
wird und glaubt, er habe sein Geld unterwegs verloren. Hier sind
seine Rechte verletzt, ohne daß sich die Verletzung der Rechte
selbst auf sein Wohlbefinden auswirkt. Ein zweiter Einwand
könnte sein, daß das Beispiel die institutionelle Rolle von Rechten
übersieht. Der Überfall verletzt nicht nur die Rechte von r, sondern bringt die Institution des Eigentums in Gefahr. Das mag an
sich richtig sein, aber man kann immer Beispiele finden, bei denen
solche Nebenwirkungen ausgeschlossen sind. Sollen wir in diesen
Fällen einen Überfall für legitim halten, wenn er die gleichen
Konsequenzen hat, wie eine Steuer, die wir (annahmegemäß) für
gerechtfertigt halten?

Man kann eine Wertbasis durch die Art der Information, die sie benutzt, charakterisieren.[6] Wohlfahrt als Wertbasis ist von zwei Seiten einer Kritik ausgesetzt. Als informationelle Basis einer Werttheorie ist der Wohlfahrtsbegriff einerseits zu eng, andererseits aber zu weit. Er ist zu eng, weil er andere relevante Information ausblendet, vor allem in bezug auf die Freiheitsrechte der Individuen. Zu weit ist der Wohlfahrtsbegriff, weil er *prima facie* jede Wohlfahrt berücksichtigt, unabhängig von speziellen Situationen und Motivationen der Handelnden. Die oben angeführten Beispiele verdeutlichen die Probleme, die sich daraus ergeben. Will man am Wohlfahrtsbegriff festhalten, dann müssen Neid- und Wohlwollensgefühle ausgeschlossen werden. Dies hat Konsequenzen für die Wohlfahrtsökonomik. In der hedonistischen Variante der Wohlfahrtsökonomik müßten die Wohlbefindenszustände auf ihre Gründe zurückgeführt werden. Voraussetzung dafür ist, daß Wohlbefinden, das auf einer Vielzahl von Bestimmungsgründen beruht, überhaupt diesen Gründen zugerechnet werden kann. Die tatsächlichen Möglichkeiten, dies zu tun, scheinen allerdings gering – selbst dann, wenn es *im Prinzip* möglich wäre. Versteht man Wohlfahrt als Präferenzerfüllung, tritt ein ähnliches Problem auf. Die Wahlhandlungen der Individuen widerspiegeln deren Präferenzen. Aber man kann an einer Wahlhandlung nicht erkennen, ob sie sich nicht etwa aus Neid oder Altruismus begründet. Durch die Entscheidungen der Individuen werden nicht die bereinigten, sondern die tatsächlichen Präferenzen offenbart. Damit entfiele dann ein pragmatisches Argument für den *revealed preference* Ansatz, nämlich daß wir durch die beobachtbaren Wahlhandlungen einen empirischen Zugriff auf die relevanten Präferenzen haben. Das Unternehmen, den Wohlfahrtsbegriff auf die relevanten Teilaspekte zu begrenzen, stößt also auf nicht zu unterschätzende Schwierigkeiten.

---

6 Vgl. Sen (1991).

Zweitens aber ist es ebenso schwierig, den Begriff der Rechte in die Wohlfahrtsökonomik zu integrieren. Es widerspricht dem Begriff des Rechts, wenn nur der durch eine Rechtsverletzung erlittene Wohlfahrtsverlust berücksichtigt wird. In diesem Fall könnte es immer wohlfahrtssteigernde Rechtsverletzungen geben, die zu begehen aus utilitaristischer Perspektive sogar geboten wäre. Dadurch wird der Begriff des Rechts entleert. Rechte stellen dann bloße Verhaltenskonventionen dar, die zur Koordination dienen, aber jederzeit verletzt werden können, wenn dies zu einer Wohlfahrtssteigerung führt.[7]

Die beschriebene Kritik am Wohlfahrtsbegriff hat zu einer Reihe von Vorschlägen geführt, was denn an die Stelle der Wohlfahrt als Wertbasis einer normativen Theorie des Handelns treten könnte. Dieser Frage widmet sich der folgende Abschnitt.

5.2 Equality of What?[8]

Der Gleichheitsgrundsatz bildet das Kernstück jeder Gerechtigkeitstheorie und muß deshalb auch beim Problem der intergenerationellen Gerechtigkeit Berücksichtigung finden. Nur zwei Ausnahmen sind zu erwähnen: die Aristokratie und ein radikaler Liberalismus. Eine Aristokratie weist den Individuen ungleiche Positionen aufgrund einer vorgegebenen gesellschaftlichen Ordnung zu. Diese Position soll im folgenden nicht weiter betrachtet werden. Der radikale Liberalismus sieht die gesellschaftliche Ordnung als einen Verfassungsvertrag, dessen Ausgestaltung aber von den Zufälligkeiten der Natur abhängt, die manche Individuen im Vergleich zu anderen begünstigen. Abgesehen von diesen Positio-

---

7 In diesem Zusammenhang ist auf die Diskussion über Akt- und Regelutilitarismus zu verweisen; vgl. dazu Harsanyi (1982, 56 ff) oder Regan (1980).

8 Der Titel dieses Abschnitts ist bei Sen (1980) entliehen.

nen herrscht breite Übereinstimmung über die zentrale Rolle des Gleichheitsgrundsatzes für eine normative Theorie.[9] Es bleibt aber eine entscheidende und strittige Frage, auf was der Gleichheitsgrundsatz zu beziehen ist.

Wohlfahrtsorientierte Theorien können den Gleichheitsgrundsatz in verschiedener Weise zur Geltung bringen. Am naheliegendsten erscheint zunächst, von einer Gleichheit der Wohlfahrt auszugehen. Dies wäre die Position eines klassischen Egalitarismus. Die damit verbundenen Probleme sind bekannt. Es genügt hier, sie kurz anzudeuten. Individuelle Wohlfahrt beruht (unter anderem) auf der Ausstattung der Einzelnen mit Gütern. Der Egalitarismus ignoriert die Frage der Bereitstellung dieser Güter. Ganz gleich wie viel der Einzelne zur Produktion beiträgt, er wird immer nur einen gleichen Teil erhalten. Eine egalitäre Gesellschaft befindet sich in einem sozialen Dilemma. Den Bedürfnissen der Individuen wird somit nur unzureichend Rechnung getragen. Zweitens aber kann eine wohlfahrtsegalitäre Gesellschaft mit großen Ungleichheiten der Güterverteilung verbunden sein. Diejenigen, deren Bedürfnisse nur schwer zu befriedigen sind, das sind die, die ineffizient im Konsum sind, erhalten mehr Konsumgüter als die Genügsamen und Bescheidenen.

Wenn das erreichbare Wohlfahrtsniveau einiger von der Natur Benachteiligter sehr gering ist, ist es unplausibel, daß alle anderen nur um der Gleichheit willen sich mit dieser geringen Wohlfahrt begnügen sollen. In diesem Fall liegt es nahe, den Egalitarismus zugunsten des Leximin-Prinzips aufzugeben. Nach dem Leximin-Prinzip werden Umverteilungen zugunsten des schlechtestgestellten Individuums vorgenommen, bis dessen Situation nicht weiter zu verbessern ist, dann zugunsten des zweitschlechtestgestellten

---

9 Abschnitt 6.1 prüft die Frage, ob der Gleichheitsgrundsatz verzichtbar ist.

und so fort.[10] Für das Leximin-Prinzip ergeben sich aber die gleichen Schwierigkeiten wie für einen strengen Egalitarismus.

Der Utilitarismus bezieht den Gleichheitsgrundsatz nicht auf die Gesamt-, sondern auf die Grenzwohlfahrt. Die Maximierungsregel sorgt bei abnehmender Grenzwohlfahrt des Güterkonsums gerade dafür, daß die Güter so verteilt werden, daß die Grenzwohlfahrt für alle gleich ist. Ist eine Einheit eines Gutes zu verteilen, dann begründet die Maximierungsregel gewissermaßen einen Anspruch desjenigen Individuums auf das Gut, das den größten Wohlfahrtsgewinn daraus ziehen kann. Sind die Wohlfahrts- bzw. Nutzenfunktionen für die Individuen verschieden, so wird auch die Güterverteilung ungleich sein. Dabei ist keineswegs gewährleistet, daß die Verteilung zugunsten der Bedürftigen ausfällt.[11] Die Grenznutzen, nicht die Nutzenniveaus, bestimmen die Zuteilung der Güter. Hier fällt die Güterverteilung zugunsten derer aus, die besonders effizient im Konsum sind.

Wie zu Beginn dieses Kapitels kurz angedeutet, richtet Rawls (1971) seine Kritik des Utilitarismus nicht nur gegen die Maximierungsregel, sondern auch gegen den Nutzen bzw. die Wohlfahrt als Wertbasis. Rawls verweist in seiner Kritik darauf, daß die Individuen verschiedene Vorstellungen von einem erfüllten Leben haben. Wegen der Verschiedenheit dieser Vorstellungen sei die Wohlfahrt verschiedener Individuen nicht vergleichbar (inkommensurabel).[12] Diese Sicht des Problems interpersoneller Vergleiche ist für Rawls Anlaß, das Wohlfahrtskonzept aufzugeben und es durch ein Konzept von Grundgütern zu ersetzen. Als Grundgüter bestimmt Rawls solche Güter, von denen man annehmen kann, daß eine vernünftige Person sie haben will, was immer ihr Lebensplan sein mag. Die Grundgüter fallen in die

---

10 Eine präzise Definition des Leximin-Prinzips wird auf S. 124 gegeben.
11 Vgl. Scanlon (1975), Sen (1980, 200).
12 Rawls (1971, §15) und (1982, 161).

Kategorien: Rechte und Freiheiten, Chancen und Möglichkeiten sowie Einkommen und Vermögen.[13] Auf die Grundgüter der ersten Kategorie (Rechte und Freiheiten) ist der Gleichheitsgrundsatz im strengen Sinn anzuwenden. Für Grundgüter der anderen Kategorien gilt das Unterschiedsprinzip: "Soziale und wirtschaftliche Ungleichheiten sind so zu regeln, daß sie sowohl (a) den am wenigsten Begünstigten die bestmöglichen Aussichten bringen als auch (b) mit Ämtern und Positionen verbunden sind, die allen gemäß der fairen Chancengleichheit offen stehen."[14]

Die Lebenspläne der Individuen sind inkommensurabel, sie erlauben, so Rawls, keinen Vergleich der Wohlfahrt. Gerechtigkeit kann dann nur darin bestehen, den Individuen gleiche Aussichten zu geben, ihren Lebensplan zu erfüllen. Kann eine Gleichverteilung der Grundgüter dies gewährleisten? Offensichtlich genügt es dazu nicht, daß die Grundgüter für jede Person (und jeden Lebensplan) nützlich sind. Einige Lebenspläne werden sich mit den gegebenen Grundgütern besser verwirklichen lassen als andere. Wir müssen zwei Fälle untersuchen. Das Ersetzen von "Wohlfahrt" durch "Grundgüter" löst zunächst das Problem der *expensive tastes*. Wer nur durch Kaviar und Champagner zu befriedigen ist und aus einer gewöhnlichen Mahlzeit keinen Wohlfahrtsgewinn hat, für den muß man nach dem Wohlfahrts-, nicht aber nach dem Grundgüterkonzept, Kaviar und Champagner bereithalten, während die anderen Käsebrot und Pfefferminztee bekommen. Zwar kann ein Lebensplan vom Typ "das Beste ist gerade gut genug" nur in geringerem Maße erfüllt werden als ein anderer Lebensplan, jedoch ist die Wahl des Lebensplans frei, und ein vernünftiger Lebensplan sollte sich eben an den verfügbaren Mitteln orientieren. Der zweite Fall ist das Problem des

---

13 Rawls (1971, 92) und (1982, 162).

14 Rawls (1971, 83); zitiert nach der Übersetzung von H. Vetter, dort S. 104.

"glücklichen Sklaven" oder der "bescheidenen Hausfrau". Beide haben ihre Lebenspläne und ihre Präferenzen an den vorhandenen, beschränkten Möglichkeiten orientiert. Die Hausfrau hat den Wunsch nach einer beruflichen Karriere aufgegeben, weil dieser Wunsch, gegeben ihre beschränkten Möglichkeiten, ihr Wohlbefinden beeinträchtigt.[15] Das Grundgüterkonzept bietet auch hier eine akzeptable Lösung an. Niemand bekommt nur deswegen weniger, weil er besonders bescheidene Wünsche hat, die leicht zu befriedigen sind.

Es ist aber noch ein dritter Fall zu betrachten, auf den das Grundgüterkonzept nur eine unbefriedigende Antwort gibt. Dies ist der Fall besonderen Bedarfs. *Tiny Tim*[16] ist eine behinderter Junge mit sonnigem Gemüt, der sich über die kleinsten Dinge freuen kann. Ein Wohlfahrtsegalitarist würde ihm nur ein kleines Güterbündel zuteilen (über das sich *Tiny Tim* riesig freut). Folgt man Rawls, dann erhält er zumindest ein gleiches Bündel an Grundgütern. Er sollte jedoch aufgrund seines besonderen Bedarfs ein größeres Bündel bekommen, ein Bündel, das ihm gleiche Chancen auf Verwirklichung seiner Lebenspläne gewährt. Dies ist jedenfalls die Kritik, die Sen (1980) formuliert.[17] Zugespitzt lautet die Kritik: "...that there is, in fact, an element of 'fetishism' in the Rawlsian framework."[18] Rawls stellt Güter in den Mittelpunkt seiner Werttheorie, und er vernachlässigt dabei, was Güter für die einzelnen Personen bedeuten. Nicht die Güter an sich sind entscheidend, sondern die Relation zwischen Gütern und Individuen. Mit dieser Einsicht gelangt man wieder zurück zum Wohlfahrts-

---

15 Vgl. dazu auch Elster (1983).

16 Diese Figur hat Cohen (1989) aus dem "Weihnachtslied in Prosa" von Charles Dickens entlehnt.

17 Vgl. Arneson (1990) für einen ähnlichen Einwand gegen das Grundgüterkonzept.

18 Sen (1980, 216).

begriff. Wohlfahrt beschreibt ja gerade das, was Güter für eine Person bedeuten. Der Wohlfahrtsbegriff geht aber in gewisser Weise zu weit. Wenn Gerechtigkeit als Gleichheit mit dem Wohlfahrtsbegriff verbunden wird, dann wird individuelle Wohlfahrt zu einer öffentlichen Angelegenheit erhoben. Damit wird der Gesellschaft eine Verantwortung auferlegt, die bei den Individuen verbleiben sollte.[19]

Sen entwickelt daher ein Konzept, das zwischen Gütern und Wohlfahrt steht.[20] Nicht die Güter als solche, sondern, was man mit ihnen erreichen kann, ist das entscheidende Merkmal, auf dem eine Theorie der Gerechtigkeit beruhen muß. Ein Güterbündel erfüllt bestimmte Funktionen (*functionings*) für eine Person, z.B. ausreichend ernährt zu sein, Gesundheitsrisiken zu begrenzen, am sozialen Leben teilnehmen zu können, glücklich zu sein, und anderes. Diese Funktionen können mehr oder weniger gut erfüllt sein, und man kann für eine Person einen *functionings*-Vektor bestimmen, der den Grad der Erfüllung für jede Funktion wiedergibt. Der Grad der Erfüllung hängt nicht vom Güterbündel allein ab, sondern auch von anderen Bedingungen, etwa von den Talenten, Behinderungen oder Charaktereigenschaften. Die Ausstattung einer Person mit Eigenschaften und Gütern kann durch eine Menge von *functionings*-Vektoren beschrieben werden. Jeder *functionings*-Vektor, den die Person erreichen kann, ist in dieser Menge enthalten. Anders gesagt, diese Menge gibt wieder, zu was eine Person befähigt ist. "Befähigungen" (*capabilities*) ist der von Sen vorgeschlagene Wertbegriff. Das Problem von Sens Vorschlag liegt in seiner Operationalisierbarkeit. Gleichheit von Befähigungen herzustellen, verlangt einen Vergleich von Mengen, deren Elemente Vektoren sind. Schon diese Vektoren (*functionings*)

---

19 Vgl. dazu auch Abschnitt 7.1.
20 Vgl. Sen (1980), (1985) und (1993). Dazu auch Hausman/McPherson (1993, 693 f).

können nur in eine Teilordnung gebracht werden. Die Teilord-
nungen von *capabilties*, also von Mengen von *functionings*, werden
in noch größerem Maße unvollständig sein.

Eine güterorientierte Werttheorie bietet dagegen den Vorteil
einer leichteren Handhabbarkeit und Operationalisierbarkeit. Auf
Güter kann man im allgemeinen leichter einen empirischen
Zugriff gewinnen als auf Wohlfahrt oder *capabilities*.[21] Die
Rawls'sche Idee der Gerechtigkeit als Gleichheit der Ausstattung
mit Grundgütern ist daher naheliegend. Es gibt darüber hinaus
zwei andere güterbezogene Gerechtigkeitstheorien. Die erste
greift auf den Marx'schen Ausbeutungsbegriff zurück. "Ausbeutung" ist ein Wertbegriff und kann als Ungerechtigkeit interpretiert werden. Roemer (1982) zeigt, daß man Ausbeutung als
Resultat der Eigentumsverhältnisse verstehen muß – nicht wie
Marx, der von einer Arbeitswerttheorie ausgeht, als Resultat des
Produktionsprozesses. Eine Verteilung des produktiven Kapitals
einer Gesellschaft ist dann gerecht, wenn sie zu einer ausbeutungs-
freien Gesellschaft führt. Hier steht das Produktivkapital im Mittelpunkt, nicht der weitere Begriff von Grundgütern wie bei
Rawls. Die Marx'sche Gerechtigkeitstheorie soll aber nicht weiter
vertieft werden, da sie derselben Kritik ausgesetzt ist wie der von
Dworkin (1981b) entwickelte *resource egalitarianism*, dem ich
mich jetzt zuwenden möchte.

In einer zweiteiligen Untersuchung stellt Dworkin (1981a, b)
die Frage: "What is Equality?" Der erste Teil der Untersuchung
beschäftigt sich mit dem Wohlfahrtsegalitarismus. Zu Beginn stellt
Dworkin (1981a, 186) die Frage, wie jemand sein Vermögen unter
seine Kinder aufteilen solle: Eines ist blind, das zweite ist ein
verwöhnter Playboy mit Geschmack für das Teure und Seltene,
das dritte eine Jungpolitikerin mit kostspieligen Ambitionen, das
vierte ein bescheidener Dichter, und das fünfte schließlich ein

---

21 Vgl. Varian (1985).

Bildhauer, der mit teuren Materialien arbeitet. Damit ist ein ganzes Spektrum von Problemen aufgenannt, das bei der Kritik des Wohlfahrtsbegriffs schon diskutiert wurde. Dworkin fügt in seiner Diskussion aber einen weiteren Gesichtspunkt hinzu, der in den Arbeiten von Rawls und Sen nur angedeutet ist. Wenn, um eine gerechte Gesellschaft zu erreichen, die Wohlfahrt aller einzelnen zu berücksichtigen ist, dann befreit dies von individueller Verantwortung. Wohlfahrt durch Güter zu ersetzen, beläßt die Verantwortung, wie diese Güter verwendet werden, bei der einzelnen Person. Dworkin (1981b) schlägt daher vor, Gerechtigkeit als Gleichheit von Ressourcen zu verstehen. Was die einzelne aus ihrer Ressourcenausstattung macht, ist ihre Sache. Im üblichen Verständnis von Ressourcen wäre dieser Vorschlag natürlich der gleichen Kritik ausgesetzt, die Sen gegen Rawls formuliert hat. Nehmen wir Dworkins Beispiel, dann erhält das blinde Kind nicht mehr als die anderen, obwohl es einen besonderen Bedarf hat. Aus diesem Grund faßt Dworkin seinen Ressourcenbegriff weiter. Zu den Ressourcen gehören in Dworkins Terminologie auch die Fähigkeiten einer Person. Ich möchte dieser Terminologie nicht folgen und den Ressourcenbegriff für die äußere, nicht unmittelbar mit der Person verbundene Ausstattung reservieren. Die Ausstattung, die gleichzeitig zu den Merkmalen einer Person gehört, möchte ich als ihre Talente bezeichnen. Dworkins *resource egalitarianism* verlangt also, daß die Gesamtausstattung einer Person, bestehend aus Ressourcen und Talenten, für alle gleich ist. Wer also weniger leistungsfähig ist, geringere Talente hat, wird durch ein größeres Bündel an Ressourcen kompensiert. Der Playboy kann dagegen für seine Ansprüche keine Kompensation verlangen. Die Präferenzen fallen in den Bereich der individuellen Verantwortlichkeit.

Auch Dworkins *resource egalitarianism* ist nicht ohne Kritik geblieben. Eine genauere Betrachtung der Konsequenzen seines Vorschlags hat zwei gravierende Probleme aufgedeckt. Das eine ist

als "Versklavung der Talentierten" beschrieben worden.[22] Wer
talentiert ist und eine hohe Arbeitsproduktivität erreicht, muß die
weniger Talentierten kompensieren. Um diese Kompensation auf-
zubringen, sind die Talentierten gezwungen, mehr zu arbeiten als
die anderen und sie erreichen nur ein geringeres Wohlfahrtsniveau. In manchen Fällen kann es also, folgt man Dworkins Vorschlag, zur Überkompensation der Benachteiligten kommen.
Dieses Resultat erklärt sich aus den hohen Kosten der Freizeit der
Talentierten. Ihre Präferenzen für Freizeit sind *expensive tastes*, für
die sie nicht kompensiert werden. Deswegen können die Talentierten nur ein geringeres als das durchschnittliche Nutzenniveau
erreichen. Roemer (1985) zeigt aber außerdem, daß Dworkins
Lösung, Ressourcen *und* Talente gleichzuverteilen, für die Benachteiligten (diejenigen mit geringeren Talenten) schlechter ausfallen kann als eine schlichte Gleichverteilung der Ressourcen.
Das Argument braucht hier nicht im Detail ausgeführt zu werden.
Roemers Schlußfolgerung ist allerdings, daß ein sorgfältig formu-
lierter *resource egalitarianism*, der diese Probleme vermeidet, mit
der wohlfahrtsegalitären Position identisch ist.[23] Der Wohlfahrtsegalitarismus sollte aber gerade vermieden werden, weil er individueller Verantwortung jeden Raum nimmt.

Eine zweite Kritik richtet sich unmittelbar auf Dworkins
Konzeption der Verantwortung. Dworkin zieht eine Grenzlinie
zwischen Präferenzen und Talenten. Wer mit schlechten Talenten
ausgestattet ist, kann eine Kompensation erwarten. Für ihre Präferenzen ist dagegen jede Person selbst verantwortlich. Arneson
(1989) hat dieser Zuweisung von Verantwortung widersprochen
und schlägt eine andere Einteilung vor. Unter die Verantwortung

---

22 Vgl. Varian (1985) und Roemer (1985).

23 Vgl. dazu auch Moulin/Roemer (1989) und Roemer (1996, 237 ff). Ein
   ähnliches Problem diagnostiziert Roemer (1996, 167 f) auch für das
   Rawls'sche Grundgüterkonzept.

einer Person fällt das, was diese Person kontrollieren kann. So mag es manche Präferenzen geben, für die eine Person nicht verantwortlich ist, etwa solche, die sich aus ihrer Erziehung oder ihrer genetischen Ausstattung ergeben. Andererseits unterliegen aber manche Talente und Fähigkeiten dem Einfluß der eigenen Entscheidungen. Fähigkeiten beruhen nur zum Teil auf angeborenen Eigenschaften, in größerem Maße aber auf Lernen und Üben, was der Kontrolle des einzelnen (zumindest zum Teil) unterliegt. Gleichheit ist demnach auf den Teil der Ausstattung der Individuen zu beziehen, der nicht ihrer Kontrolle unterliegt. Wer "schlechte Präferenzen" hat, ohne dafür verantwortlich zu sein, hat also Anspruch auf Kompensation. Die Höhe der Kompensation orientiert sich an der erreichbaren Wohlfahrt. Der Gleichheitsgrundsatz, so Arneson, soll nicht auf Wohlfahrt, sondern auf die Möglichkeit zur Wohlfahrt (*opportunity for welfare*) bezogen werden. Damit verbleibt ein Bereich der Verantwortung beim Individuum.[24] Dieser Bereich der Selbstverantwortung ist der Bereich, in dem das Prinzip der Leistungsgerechtigkeit Anwendung findet. Eine ähnliche Analyse des Problems gibt auch Cohen (1989). Er lehnt jedoch den Wohlfahrtsbegriff auch in diesem Zusammenhang ab. Sein Standpunkt läßt sich am besten wiederum am Beispiel des *Tiny Tim* erläutern. Durch seine bescheidene und gutmütige Art erreicht *Tiny Tim* schon mit einem Minimum an Ressourcen ein gutes Wohlfahrtsniveau. Das *equal-opportunity-for-welfare* Kriterium reicht nicht aus, um *Tiny Tim* einen Rollstuhl zu verschaffen. Cohen möchte daher "Wohlfahrt" durch "Begünstigung" (*advantage*) ersetzt sehen. Dieser Begriff entspricht weitgehend dem Sen'schen *functionings*-Konzept. Und der von Cohen (1989) geforderte "equal access to advantage" bestimmt die Wertbasis analog zum Begriff *capabilities*.

---

24 Vgl. Arneson (1989).

Fassen wir die Überlegungen dieses Abschnitts zusammen: Der Gerechtigkeitsbegriff ist mit dem Begriff der Verantwortung verknüpft. Als entscheidende Frage ergibt sich, wie der Schnitt zwischen individueller und sozialer Verantwortung zu setzen ist.[25] Die folgende Übersicht veranschaulicht (in den Zeilen) die verschiedenen Antworten, was in Bereich individueller Verantwortung fällt (zweite Spalte), und was in die gesellschaftliche Verantwortung gestellt wird (dritte Spalte). Die zweite Spalte enthält somit das gesellschaftliche Equalisandum, also die jeweilige Antwort auf die Frage: Gleichheit von was?

	Sphäre individueller Verantwortung	*Sphäre der Gleichheit*
Welfarism		Wohlfahrt oder Grenzwohlfahrt
Marx	Produktion und Konsum	Produktivkapital
Rawls	Gestaltung des Lebensplans	Grundgüter
Dworkin	Präferenzen	Talente und Ressourcen
Sen, Arneson, Cohen	kontrollierbare Präferenzen und Talente	individueller Kontrolle entzogene Präferenzen und Talente
Nozick	Wohlfahrt	Grundrechte

In der letzten Zeile der Übersicht wird auf die Position von Nozick (1974) verwiesen, die im nächsten Kapitel noch vorgestellt wird. Nozick tritt egalitären Gerechtigkeitskonzeptionen mit dem Einwand entgegen, daß ein System von Rechten hinreichend ist, um Gerechtigkeit zu sichern. Gerechtigkeit sei ein prozeduraler und nicht ein Zustandsbegriff. Nozick geht von einem System

---

25 Vgl. dazu auch Fleurbaey (1994), (1995) und Roemer (1996, 263 ff).

gleicher Grundrechte aus. Alles weitere ist in die Verantwortung
der Individuen gestellt. Im Kontext des Vorherigen läßt sich dieser
Einwand zunächst so einordnen, daß der Begriff der Grundrechte
als Wertbasis seiner normativen Theorie fungiert. Dieser Begriff
muß aber noch inhaltlich gefüllt werden. Insbesondere müssen
Rechte des Zugriffs auf Ressourcen bestimmt werden. Wenn nun
die Frage gestellt wird, inwiefern solche Rechte gleiche Rechte
sein sollen, steht man mitten in der soeben skizzierten Diskussion,
ob Ressourcen gleichverteilt sein sollen oder inwiefern Unterschiede der Talente und Fähigkeiten zu berücksichtigen sind.

5.3 Gerechtigkeit zwischen den Generationen: Vorläufiger Versuch einer näheren Bestimmung

In Abschnitt 3.1 hatte ich aufgezeigt, daß die traditionelle Ressourcenökonomik utilitaristisch geprägt ist. Ihr zentraler Wertbegriff ist "Wohlfahrt". Die in den vorangegangenen Abschnitten
vorgestellte Kritik des Wohlfahrtsbegriffs trifft also auch die Ressourcenökonomik. Der Vorschlag, den Wohlfahrtsbegriff durch
einen anderen Wertbegriff zu ersetzen, findet folglich auch für die
Ressourcenökonomik Anwendung. Ausgangspunkt der Kritik im
Abschnitt 5.2 war die Annahme, daß Gerechtigkeit als Gleichheit
zu rekonstruieren sei. Der Gleichheitsbegriff kann sich aber weder
auf Wohlfahrt noch auf Güter (Ressourcen) beziehen. Er kann
sich nicht auf Güter beziehen, weil Güter für verschiedene Individuen in unterschiedlichem Maße wertvoll sind, und er kann sich
nicht auf Wohlfahrt beziehen, weil dadurch jede individuelle Verantwortung ausgeblendet würde. Ein vernünftiger Begriff sozialer
Gerechtigkeit kann sich nicht auf das gesamte Wohlergehen einer
Person erstrecken. Es kommt vielmehr darauf an, einen Bereich
individueller Verantwortung zu bestimmen. Nur das, was außerhalb der individuellen Verantwortung liegt, ist Gegenstand von
Gerechtigkeitsüberlegungen. Ganz allgemein kann man dies als

die Möglichkeiten einer Person bezeichnen. Gegeben diese Möglichkeiten trifft sie ihre Wahl. Für diese Wahl ist jede Person aber selbst verantwortlich. Der Begriff der sozialen Gerechtigkeit bezieht sich auf den Bereich der Möglichkeiten. Gerechtigkeit als Gleichheit könnte dann als Gleichheit der Wahlmöglichkeiten interpretiert werden. Diese naheliegende Idee wird von Le Grand (1991) präzisiert. Er gibt die folgende Definition: "... a distribution is equitable if it is the outcome of informed individuals choosing over equal choice sets" Le Grand (1991, 87). Aus dieser Definition ist zunächst klar, daß es bei der Frage nach der Gerechtigkeit nicht auf den Endzustand ankommt, sondern eben auf die Gleichheit der Ausgangssituation (Auswahlmenge). Aber aus dieser Definition ergibt sich eine Schwierigkeit. Die Idee, Wahlmöglichkeiten, d.h. die realen Handlungsoptionen als Wertbasis zu setzen, muß verworfen werden. Den Grund dafür möchte ich an einem Beispiel verdeutlichen.[26]

Max und Nancy haben die gleiche Ausbildung und die gleichen Fähigkeiten. Aber Max liebt es, vor dem Fernseher zu sitzen, während Nancy abends noch arbeitet und eine erfolgreiche Unternehmerin ist. Max lebt in einer etwas armseligen Mietwohnung, während sich Nancy gerade eine schöne Eigentumswohnung gekauft hat. Der Zustand, in dem beide leben, ist sehr ungleich, gilt aber nicht als ungerecht. Beide hatten gleiche Wahlmöglichkeiten. Die Unterschiede sind das Resultat unterschiedlicher Wahl. Zunächst ist nun festzustellen, daß Le Grands Definition nicht vollständig ist. Es könnte Situationen geben, in denen Max und Nancy aus verschiedenen Auswahlmengen wählen, ohne daß darin eine Ungerechtigkeit liegt. Dies wäre der Fall, wenn die Auswahlmengen zwar nicht gleich, aber zumindest gleich gut sind. In dieser Hinsicht ist die Definition ergänzungsbedürftig,

---

26 Das Beispiel ist einer Besprechung von Le Grands *Equity and Choice* entnommen; vgl. Weikard (1993).

aber nicht falsch. Allerdings ist die Definition in anderen Fällen
nicht adäquat. Da Max und Nancy unterschiedliche Präferenzen
haben, kann man annehmen, daß die Alternativen in der Auswahlmenge von unterschiedlichem Wert für beide sind. Man vergleiche zwei Situationen, in denen jeweils beide aus der gleichen
Auswahlmenge auswählen. In der ersten, eben beschriebenen Situation entscheidet sich Max für das Fernsehen und Nancy entscheidet sich für das Arbeiten. In der zweiten Situation ist die
Auswahlmenge etwas kleiner, aber immer noch für beide gleich.
Nehmen wir an, ein Fernsehsender stellt die Produktion ein. Max
ändert nun seine Wahl und geht angeln, während Nancy immer
noch, wie vorher, arbeitet. Nach der Definition müßten beide
Situationen als gerecht gekennzeichnet werden. Allerdings ist Max
in der zweiten Situation schlechter gestellt als in der ersten, während sich für Nancy nichts geändert hat. Die Schlußfolgerung aus
diesem Beispiel ist einfach. Es kommt eben nicht darauf an, daß
die Auswahlmengen als solche gleich sind, sondern darauf, daß sie
– in einem noch näher zu bestimmenden Sinne – gleich gut für
Max und Nancy sind.

In einer Theorie der Gerechtigkeit als Gleichheit sollten also
nicht die realen Wahlmöglichkeiten als Wertbasis gesetzt werden,
sondern die von den Individuen bewerteten Wahlmöglichkeiten.
Nach dieser Betrachtung kann nun eine vorläufige Bestimmung
sozialer Gerechtigkeit gegeben werden:

> *Die Gestaltung von Handlungsrechten und Handlungsmög-*
> *lichkeiten (d.h. von gesellschaftlichen Institutionen) ist sozial*
> *gerecht, wenn die Handlungsmöglichkeiten gleich gut für alle*
> *Mitglieder der Gesellschaft sind.*

Die Bewertung von Handlungsmöglichkeiten könnte mit Rückgriff auf das Konzept der individuellen Wohlfahrt erfolgen. Dies
wäre Arnesons *opportunity for welfare*. Man kann aber auch auf
Sens *functionings*-Konzept zurückgreifen. Für eine Menge (wie

auch immer) bewerteter Handlungsmöglichkeiten werde ich im folgenden den Begriff "Wahlfreiheit" verwenden. Sozial gerecht ist folglich eine Gesellschaft, die ihren Mitgliedern gleiche Wahlfreiheit gewährt.

Diese Bestimmung sozialer Gerechtigkeit hat Folgen für den Begriff intergenerationeller Gerechtigkeit. In diesem Kontext ist der Begriff der Gesellschaft in einem weiten Sinn aufzufassen. Zu einer Gesellschaft gehören auch die Mitglieder aller zukünftigen Generationen. Der Anwendungsbereich des Gleichheitsgrundsatzes kann nicht willkürlich zeitlich beschränkt werden. Als moralisches Prinzip beansprucht er universelle Gültigkeit. Intergenerationelle Gerechtigkeit bedeutet also, allen Individuen gleiche Wahlfreiheit zu gewähren, und zwar unabhängig davon, zu welcher Generation ein Individuum gehört.

6. Eigentumsrechte, Ressourcennutzung und Marktsystem

Im vorangegangenen Kapitel bin ich davon ausgegangen, daß der Gerechtigkeitsbegriff nach dem Schema

Gerechtigkeit ist Gleichheit von _____

bestimmbar ist. In Abschnitt 5.2 ist dann die Frage, wie die Leerstelle auszufüllen ist, ausführlich diskutiert worden. Die Schlußfolgerung aus der Diskussion zu dieser Frage ist – wenn man meiner Argumentation bis hierher folgt –, die Leerstelle mit dem Begriff "Wahlfreiheit" auszufüllen. Wahlfreiheit soll also als Wertbasis der Ressourcenökonomik verwendet werden. Voraussetzung dieser Argumentation ist, daß das Schema von Gerechtigkeit als Gleichheit Gültigkeit hat. Diese Voraussetzung möchte ich in den nun folgenden beiden Abschnitten verteidigen. Ich möchte zeigen, daß ein Verzicht auf den Gleichheitsgrundsatz unannehmbare Konsequenzen hat. In Abschnitt 6.1 wird zunächst eine Position skizziert, die ohne den Gleichheitsgrundsatz auszukommen versucht. Abschnitt 6.2. zeigt dann die unannehmbaren Konsequenzen einer solchen Position mit Hilfe einer Modellanalyse auf.

6.1 Ist der Gleichheitsgrundsatz verzichtbar?

Gerechtigkeit als Gleichheit ist ein auf Zustände bezogener Begriff. Man beurteilt eine gegebene Situation im Hinblick auf die Gleichheit eines bestimmten Merkmals der Individuen. Nozick (1974, 153 ff) kontrastiert diesen Begriff der Zustandsgerechtigkeit mit einem historischen oder prozeduralen Gerechtigkeitsbegriff. Ein prozeduraler Gerechtigkeitsbegriff bestimmt die Gerechtig-

keit einer Situation allein nach deren Zustandekommen. Dazu
müssen Prinzipien prozeduraler Gerechtigkeit formuliert werden.
Nozick schlägt dazu vor, Handlungs- und Verfügungsrechte für
die Individuen zu bestimmen und eine Situation immer dann gerecht zu nennen, wenn bei ihrem Zustandekommen jeder nur im
Rahmen seiner Rechte gehandelt hat. Die einzelnen Zustände, die
sich dann im Ablauf der Geschichte ergeben, können in bezug auf
beliebige Merkmale höchst ungleich sein, ohne daß das Prinzip
prozeduraler Gerechtigkeit verletzt wird. Diese historische Bestimmung von Gerechtigkeit wird von Nozick einer Zustandsgerechtigkeit vorgezogen. Das wichtigste Argument, das Nozick
gegen Konzepte der Zustandsgerechtigkeit anführt, ist, daß die
Erreichung oder Aufrechterhaltung eines gerechten Zustands stets
mit Eingriffen in die individuelle Freiheit verbunden ist. Nozick
(1974, 160 f) erläutert sein Argument mit Hilfe des bekannt
gewordenen *Chamberlain*-Beispiels.

Der berühmte Basketballspieler Wilt Chamberlain trifft mit
seinem Club die Vereinbarung, daß von jeder verkauften Ein-
trittskarte 1$ an ihn ausgezahlt wird. Dieses Reglement ist den
Zuschauern bekannt und, da sie Chamberlain spielen sehen wollen, zahlen sie den Eintrittspreis. Am Ende der Saison hat Chamberlain 1 000 000 $ verdient, sehr viel mehr als das Einkommen
eines seiner Zuschauer.

Nozick will an diesem Beispiel zeigen, daß die entstandene
Ungleichheit keine Ungerechtigkeit ist; denn alle Zuschauer
haben ihre Zahlung ja freiwillig geleistet. Wollte man solchen
Ungleichheiten entgegenwirken, weil man sie gemäß einer Zustandstheorie der Gerechtigkeit für ungerecht hält, dann müßten
die Ergebnisse freiwilliger Verträge jeweils korrigiert werden. Ein
solcher Eingriff in freiwillig eingegangene Verträge ist aber mit
individueller Freiheit unvereinbar.[1]

---

1 Das *Chamberlain*-Beispiel hat eine Debatte darüber ausgelöst, ob die von

Nun lassen sich zu jeder Zustandstheorie der Gerechtigkeit Beispiele finden, so daß sich aus freiwilligen Vereinbarungen eine (im Sinne einer Zustandstheorie) ungerechte Situation ergibt. Nur eine prozedurale Gerechtigkeitstheorie entgeht diesem Problem. Eine solche Theorie, die Nozick (1974, 150) eine *entitlement theory* nennt, hat eine einfache Grundstruktur, die durch drei Prinzipien charakterisiert wird: (a) gerechte Aneignung, (b) gerechte Transfers und (c) Kompensation von Ungerechtigkeiten.[2] Bei dem Prinzip gerechter Aneignung knüpft Nozick an Locke an, der in seinem *Second Treatise of Government* (1690) die für marktwirtschaftliche Systeme einflußreichste Eigentumstheorie entwickelt hat. Allen Verfügungs- oder Handlungsrechten (*entitlements*) geht eine Erstaneignung voran. Sind die Verfügungsrechte erst einmal verteilt, dann können sie im zweiten Schritt gemäß einem Prinzip des gerechten Transfers von Person zu Person übertragen werden. Das entscheidende Merkmal von Transfergerechtigkeit ist die Freiwilligkeit des Transfers. In Anlehnung an Nozick (1974, 151) kann das Prinzip der Transfergerechtigkeit wie folgt formuliert werden:

> (b) Eine Situation, die durch einen freiwilligen Tausch (oder eine Schenkung) aus einer gerechten Situation hervorgegangen ist, ist wiederum gerecht.

Ob eine Situation gerecht oder ungerecht ist, kann also nie allein aus der Betrachtung der Situation heraus entschieden werden; das Prinzip ist streng historisch. Es besagt allerdings nichts, wenn die Ausgangssituation nicht gerecht ist. Kommt es im Verlauf der Geschichte zu einem ungerechten Transfer, dann ist Prinzip (b)

Nozick gezogene Schlußfolgerung die richtige ist. Die wichtigste und umfassendste Kritik hat Cohen (1977) und (1995) formuliert.

2 Vgl. auch van der Veen/Van Parijs (1985, 70 ff) zum Begriff "*entitlement theory*".

nicht mehr anwendbar. Daher muß es ein Prinzip der Kompensation geben, das in Nozicks *entitlement theory* allerdings nicht im Detail ausgearbeitet ist. Das Prinzip der Kompensation besagt:

> (c) Durch geeignete Kompensation kann eine gerechte Situation wieder hergestellt werden, wenn die Kette gerechter Transfers einmal unterbrochen wurde.

Die Kompensation muß an Prinzip (b) orientiert sein.[3] Deswegen ist auch (c) ein historisches Prinzip. Zu prüfen ist nun noch, ob auch ein Prinzip der Erstaneignung (a) historisch, d.h. ohne Rückgriff auf Zustandsgerechtigkeit, formuliert werden kann.

Die von Nozick (1974, 174 ff) vorgeschlagenen Prinzipien gerechter Aneignung orientieren sich, wie erwähnt, an Locke. Bei Locke und Nozick stammen allerdings nicht alle Verfügungsrechte aus Aneignungen. Vielmehr verfügt jedes Individuum bereits vor jeder Aneignung über eine Ausstattung mit Grundrechten. Diese Grundrechte – das Recht auf Leben und den eigenen Körper sowie das prinzipielle Recht, Eigentum zu besitzen – sind für alle Individuen gleich und besitzen gleichsam von Natur aus Geltung. Aneignungsprinzipien werden von Locke und Nozick nur für diejenige Sphäre von Rechten formuliert, die über die Grundrechte hinausgehen, insbesondere für die Verfügungsrechte über Ressourcen und die Produkte der Arbeit. Nach Locke (1690, sect. 27) ist eine legitime Aneignung an die Bedingung geknüpft, daß für andere genug von gleicher Qualität übrig bleibt. Da diese Bedingung zu streng formuliert ist und eine Aneignung knapper Ressourcen ausschließen würde, knüpft Nozick (1974, 176) die Legitimität einer Aneignung an die Bedingung, daß niemand durch eine Aneignung schlechter gestellt werden darf. Anders ge-

---

3 Zu Fragen der gerechten Kompensation vgl. Sher (1992) und Tully (1994). Cowen (1997) betrachtet insbesondere den Aspekt des zeitlichen Abstands zwischen Ungerechtigkeit und Kompensation.

sagt, jede legitime Aneignung ist eine Pareto-Verbesserung – niemand wird schlechtergestellt und zumindest der Ersteigentümer verbessert seine Situation.[4]

Legitime Aneignung als Pareto-Verbesserung ist ein historisches Prinzip. Von einer Pareto-Verbesserung kann aber nur gesprochen werden, wenn bereits ein Ausgangszustand bestimmt ist, in bezug auf den durch Aneignungen Pareto-Verbesserungen erreicht werden. Bei Locke und Nozick ist dies die Situation, in der jeder die gleiche Anfangsausstattung mit Grundrechten erhält und ein gleiches Recht hat, über Ressourcen zu verfügen. Diese Anfangsausstattung kann aber nicht gemäß einem historischen Prinzip als gerecht oder ungerecht beschrieben werden. Nozick muß an dieser Stelle doch auf eine Zustandstheorie der Gerechtigkeit zurückgreifen. Eine rein historische Gerechtigkeitstheorie würde in einen unendlichen Regreß führen; denn die Gerechtigkeit eines Zustands wird immer dadurch aufgewiesen, daß dieser Zustand sich aus einem anderen gerechten Zustand durch einen gerechten Prozeß ergibt. Der Ausweg ist hier der Abbruch des Regresses, indem ein Anfangszustand bestimmt wird, auf den eine Zustandstheorie der Gerechtigkeit Anwendung findet. Gerechtigkeit wird als Gleichheit aufgefaßt, in diesem Fall als Gleichheit von Rechten. Der Gleichheitsgrundsatz behält also seine Bedeutung; er bezieht sich allerdings nicht mehr auf einen betrachteten Endzustand, sondern allein auf einen (gedachten) Anfangszustand.

Der Grundsatz der Gerechtigkeit als Gleichheit spielt also auch in der liberalen Minimalstaatstheorie Nozicks eine unverzichtbare Rolle. Aber damit ist die Frage noch nicht beantwortet,

---

4   Streng genommen wäre eine Aneignung auch legitim, wenn sich niemand, auch der Eigentümer nicht, verbessert. Für eine legitime Aneignung ist hinreichend, wenn für niemanden eine Verschlechterung eintritt. Vgl. auch Weikard (1998c) und die dort angegebene Literatur zu Lockes und Nozicks Theorie der Aneignung.

ob der Grundsatz nicht noch weiter abgeschwächt oder ganz aufgegeben werden kann. Diese Frage stellt sich besonders, weil
unklar ist, wie der Gleichheitsgrundsatz begründet werden kann.
Zwar werden gleiche Grundrechte bei Locke (1690, sect. 4-6) damit begründet, daß Gott die Menschen als Gleiche geschaffen
habe, diese Begründung wird allerdings im Zeitalter der Säkulari-
sierung, das nach einer "Ethik ohne Metaphysik"[5] sucht, nicht
mehr anerkannt. Bei Nozick bleibt der Grundsatz gleicher
Grundrechte ohne jede Begründung.

Um diesem Begründungsdefizit zu entgehen, kann man eine
radikalere Variante des Liberalismus formulieren. Buchanan
(1975) skizziert eine Ausgangssituation, in der es keine gleichen
Rechte gibt; denn es gibt zunächst überhaupt keine Rechte. Alle
Rechte, auch die Grundrechte, stammen bei Buchanan aus einem
Verfassungsvertrag. Buchanan stellt sich damit ausdrücklich in die
Tradition von Thomas Hobbes (1651), der die Anarchie als einen
Krieg aller gegen alle beschreibt, der nur durch die Unterwerfung
unter einen Souverän (Hobbes) oder einen Verfassungsvertrag
(Buchanan) beendet werden kann.[6] Nach Buchanan muß der Verfassungsvertrag so beschaffen sein, daß alle ihm zustimmen können. Der Vertrag findet dann allgemeine Zustimmung, wenn jeder
seine Situation durch den Verfassungsvertrag verbessern kann. Da
das Leben in der Hobbes'schen Anarchie bekanntermaßen
"solitary, poore, nasty, brutish, and short" ist (Hobbes 1651, 186),
können Verfassungsregeln gefunden werden, die allen eine Verbesserung bringen. Eine Verfassungsregel muß also das schwache
Pareto-Prinzip erfüllen.[7] Dies ist allerdings nur eine notwendige

---

5 So die programmatische Formulierung von Patzig (1983).

6 Ausführlicher dazu Kliemt (1990) und die Beiträge in Pies/Leschke (Hg.,
   1996).

7 Nach dem schwachen Pareto-Prinzip ist ein Zustand s genau dann besser
   als ein anderer Zustand s', wenn alle Individuen s s' strikt vorziehen.

und keine hinreichende Bedingung zur Zustimmung zu einem
Verfassungsvertrag. Wie der Vertrag genau ausgestaltet ist, ist das
Resultat von Verhandlungen in der Ausgangssituation.[8] Es ist
kaum zu erwarten, daß im Verfassungsvertrag gleiche Rechte für
alle vereinbart werden, denn das Verhandlungsergebnis spiegelt
die Machtungleichheiten und die Ungleichheiten der Fähigkeiten
und Talente in der Ausgangssituation wider. Der Vertrag wird
daher immer zugunsten der Stärkeren und Mächtigeren ausfallen.

Diese Schlußfolgerung wird allerdings durch zwei Einschränkungen gemildert. Die erste könnte man die Hobbes'sche Bedingung nennen. Hobbes (1651, 183) geht davon aus, daß die Machtungleichheiten zwischen den Individuen nur einen begrenzten
Umfang haben. Auch der Schwächste, so Hobbes, ist noch immer
stark genug, den Stärksten zu töten. Diese begrenzte Ungleichheit
im "Krieg aller gegen alle" begrenzt auch die Ungleichheiten des
Gesellschaftsvertrags. Ein zweites Argument wird von Brennan
und Buchanan (1985) vorgetragen. Die Unsicherheit der Zukunft,
so das Argument, sorgt dafür, daß Machtungleichheiten nicht beliebig ausgenutzt werden können. Schließlich müssen die Mächtigen von heute im Zeitablauf damit rechnen, daß ihre Macht verloren gehen könnte. Alle Regeln, die die Mächtigen begünstigen,
könnten sich im Ablauf der Geschichte gegen sie kehren. Es liegt
daher auch im Interesse der Mächtigen, die Ungleichheiten des
Gesellschaftsvertrags zu begrenzen. Brennan und Buchanan (1985,
37 ff) sprechen von einem "Schleier der Unsicherheit", hinter dem
die Individuen den Gesellschaftsvertrag beschließen. Dieser
Schleier der Unsicherheit schließt Regeln aus, die Partikularinter-
essen begünstigen.[9]

---

8 Buchanan (1975, 55 ff). Vgl. auch Bush (1972) und zur genaueren Charakterisierung des Verfassungsvertrages Houba/Weikard (1995).

9 Die Rolle der Unsicherheit für die Regeln des Verfassungsvertrags wird
   zuerst bei Buchanan/Tullock (1962, 77 ff) diskutiert.

In der Hobbes-Buchanan-Konzeption der Ausgangssituation verfügen die Individuen über eine unterschiedliche Ausstattung ihrer Kräfte und Fähigkeiten. Zwar werden Machtungleichheiten, die zu einer ungleichen Zuteilung von (Verfügungs-) Rechten im Verfassungsvertrag führen würden, sowohl durch die Hobbes'sche Bedingung als auch durch Informationsbeschränkungen, denen alle gleichermaßen unterliegen, zumindest begrenzt, aber der Gleichheitsgrundsatz wird als normatives Postulat aufgegeben. Diese Variante des Liberalismus möchte ich im folgenden als "radikalen Liberalismus" bezeichnen. Es ist die Variante, die von den schwächsten normativen Voraussetzungen ausgeht.

Im folgenden möchte ich aber zeigen, daß diese Voraussetzungen, zumindest für den intergenerationellen Fall, zu schwach sind und daß wir von stärkeren normativen Annahmen ausgehen müssen. Am Beginn steht die Frage, ob die Argumente, die die Ungleichheiten im Gesellschaftsvertrag begrenzen, auch für den intergenerationellen Fall ausreichend Gültigkeit und Tragweite besitzen. Zuerst ist zu zeigen, daß sowohl die Hobbes'sche Bedingung als auch das Brennan-Buchanan-Argument in diesem Fall keine Anwendung finden. Im zweiten Schritt sollen dann die Konsequenzen des radikalen Liberalismus für den intergenerationellen Vertrag herausgearbeitet werden.[10]

Für die Hobbes'sche Bedingung ist unmittelbar klar, daß sie, auf einen Generationenvertrag bezogen, keinerlei Einschränkung beinhaltet. Mitglieder zukünftiger Generationen, die keine Lebenszeit mit uns gemeinsam haben, haben keinerlei Macht über uns. Wir hingegen bestimmen durch unser Handeln deren Möglichkeiten. Das Machtungleichgewicht ist hier total. Es scheint aus einer radikalen vertragstheoretischen Perspektive für die Gegenwärtigen überhaupt keinen Grund zu geben, in einem Generationenvertrag Zugeständnisse an die Zukünftigen zu machen.

---

10 Diese Überlegungen folgen weitgehend Weikard (1998b).

Demnach gibt es auch kein Argument, mit dem man einer "Nach-mir-die-Sintflut-Mentalität" entgegentreten könnte. Aber auch der Schleier der Unsicherheit kann uns vor dieser Schlußfolgerung nicht bewahren; denn Unsicherheit bezüglich unserer begrenzten Lebensdauer, die uns vor der Vergeltung der Zukünftigen schützt, besteht ja gerade nicht. Es kann aus unserer Perspektive nur darum gehen, die vorhandenen Ressourcen in *für uns* optimaler Weise zu nutzen.

Nun muß man allerdings einräumen, daß eine Generation nicht einfach durch die nächste ersetzt wird. Zwar ist der eigene Zeithorizont endlich, wir leben jedoch gemeinsam mit der Generation unserer Kinder, die länger leben werden als wir; diese wiederum leben zusammen mit der Generation ihrer Kinder und so fort. Diese Verbindung durch überlappende Generationen erweist sich aber als zu schwach, um im Rahmen einer Vertragstheorie Hobbes'scher Prägung faire Rechte des Zugriffs auf Ressourcen für die später Lebenden zu begründen.

Bevor dies gezeigt werden kann, muß allerdings Klarheit über die zeitliche Geltung des Vertrages herrschen. Brennan und Buchanan (1985, 40) gehen implizit davon aus, daß die Mitglieder der Gesellschaft über die Zeit hinweg identisch sind. Für die Regeln sozialer Ordnung wird "quasi-permanente" Geltung unterstellt. Allerdings sind ihre Betrachtungen nicht auf den intergenerationellen Fall bezogen.[11] Für diesen Fall ist zunächst die Frage zu beantworten, ob die zukünftigen Generationen an den von ihren Vorgängern vereinbarten Vertrag gebunden sind. Dies scheint nicht der Fall zu sein, da sie dem Vertrag gar nicht zugestimmt haben. Die Dauerhaftigkeit des Vertrages ist also durch den Zutritt einer neuen Generation (und das Ausscheiden der älte-

---

11 Auch in den Abschnitten über konstitutionelle Revolution und die Zu-kunftsbezogenheit von Regeländerungen erörtern Brennan und Buchanan (1985, 177 ff) den intergenerationellen Fall nicht explizit.

ren Generation) in Frage gestellt.[12] Es ist also im folgenden davon auszugehen, daß es beim Zutritt jeder neuen Generation zu Nachverhandlungen kommt. Vereinbarte Regeln, wie etwa die Ressourcennutzungsrechte, werden nicht als Regeln mit "quasi-permanenter" Geltungsdauer verabredet, da man schon weiß, daß sie beim Zutritt der nächsten Generation keinen Bestand haben können. Daher kann auch das Brennan-Buchanan-Argument die ungleiche Ausgangsposition der Generationen nicht wesentlich mildern.

Der Fall überlappender Generationen soll noch etwas genauer betrachtet werden. Nehmen wir an, die Lebenszeit einer beliebigen Generation t sei auf zwei Perioden t und $t+1$ begrenzt. In Periode t hat sich diese Generation die verfügbaren Ressourcen – auf welche Weise auch immer – angeeignet. Die folgende Generation, die in Periode $t+1$ hinzutritt, kommt zu spät. Für sie ist nicht mehr genug vorhanden. Allerdings befindet sich die Gesellschaft in Hobbes'scher Anarchie. Generation $t+1$ wird die von Generation t proklamierten Eigentumsansprüche nicht anerkennen. Bei einem Kampf um Besitzrechte würden Ressourcen verschwendet, und wir wollen daher annehmen, daß es zur Überwindung der Anarchie durch Verhandlungen kommt. Es wird ein Vertrag zwischen den Generationen geschlossen. Wie sieht nun dieser Vertrag aus? Er ist das Resultat eines nicht-kooperativen Verhandlungsspiels. Daher werden die Eigentumstitel gemäß der Verhandlungsstärke der beiden Generationen verteilt. Die Verhandlungsstärke wird unter anderem davon abhängen, was die Vertragsparteien für den Fall erwarten, daß kein Vertrag geschlossen wird. Hier ist ein Spektrum von Möglichkeiten denkbar. An einem Endpunkt des Spektrums verfügt Generation t über vollkommene Verhandlungsmacht. Generation t wird einen Teil der

---

12 Die Einteilung der Gesellschaftsmitglieder in Generationen ist natürlich eine Idealisierung, die Menschen in Altersgruppen zusammenfaßt.

Ressourcen sparen, sie aber in der folgenden Periode konsumieren, ohne die nächste Generation daran zu beteiligen. Am anderen Ende des Spektrums liegt die Verhandlungsmacht bei Generation $t+1$, die sich nun aneignen kann, was an Ressourcen vorhanden ist. In diesem Fall geht also Generation t in ihrem zweiten Lebensabschnitt leer aus. Jedoch gereicht die Verhandlungsmacht Generation $t+1$ nicht zum Nutzen; denn die ältere Generation t wird ihre spätere Ohnmacht voraussehen und daher keine Ressourcen für die Zukunft aufsparen.

Betrachten wir noch einen mittleren Fall, bei dem die Machtverteilung als gleichgewichtig angenommen wird. Der Generationenvertrag ergibt dann, daß die vorhandenen Ressourcen zwischen beiden Generationen gleichmäßig aufgeteilt werden; allerdings nur die in der Periode $t+1$ noch verfügbaren Ressourcen. Wie gestaltet Generation t unter diesen Bedingungen ihren Ressourcenverbrauch? Wenn wir, wie üblich, abnehmenden Grenznutzen des Konsums und Nichtsättigung unterstellen, dann wäre ein gleichmäßiger Konsumpfad – in beiden Perioden würde jeweils die Hälfte der Ressourcen verbraucht – der beste; dies gilt aber nur dann, wenn die Eigentumsrechte am Ressourcenbestand langfristig gesichert sind. Unter den gegebenen Bedingungen muß aber in Periode $t+1$ die Hälfte der Ressourcen an die nachfolgende Generation abgegeben werden; genauer: die Hälfte der bis dahin nicht verbrauchten Ressourcen. Der Bestand an Ressourcen von Generation t sei mit Q_t, ihr Konsum in der ersten Periode mit c_t und der Konsum in Periode $t+1$ mit z_t bezeichnet. Dann ergibt sich $z_t = (Q_t - c_t)/2$. Die Ersparnisse, die Generation t bildet, müssen mit der folgenden Generation geteilt werden. Daher wird der größte Teil des Anfangsressourcenbestandes sofort konsumiert.[13]

---

13 Beispielsweise ergibt sich für eine Nutzenfunktion der Form $u_t = \sqrt{c_t} + \sqrt{z_t}$, daß 2/3 der Ressourcen sofort konsumiert werden. Das verbleibende Drittel wird mit der folgenden Generation geteilt, also

Die relative Verhandlungsstärke der folgenden Generation wirkt aus der Sicht von Generation t wie ein Diskontfaktor. Der Anreiz, den Konsum in die Gegenwart zu verlagern, ist um so größer, je größer die Verhandlungsstärke der Zukünftigen. Im bereits diskutierten Grenzfall einer totalen Überlegenheit der Zukünftigen gibt es für die ältere Generation überhaupt keinen Anreiz, Ressourcen aufzusparen.

Eine vorläufige Schlußfolgerung aus diesen Überlegungen ist, daß sich die zukünftigen Generationen unter den Bedingungen der Hobbes'schen Anarchie in einer benachteiligten Position befinden. Selbst wenn sie über eine entsprechende Verhandlungsstärke verfügen, können sie sich nur einen geringen Teil der Verfügungsrechte an Ressourcen sichern. Eine nur vorläufige Schlußfolgerung ist dies deswegen, weil bisher nur die Verteilung der Verfügungsrechte in einer Tauschökonomie betrachtet wurde. Im nächsten Abschnitt wird nun gezeigt, daß sich ein ähnliches Resultat auch dann ergibt, wenn wir die Möglichkeit von Produktion, Kapitalbildung und technischem Fortschritt berücksichtigen.

6.2 Intertemporale Allokation in der Hobbes'schen Anarchie: Eine Modellanalyse

Die traditionelle Ressourcenökonomik untersucht vor allem die intertemporale Allokation der Ressourcen. Als Allokationsmechanismus steht der Markt im Vordergrund. Die hier zu stellende Frage ist, ob der Markt den Belangen der zukünftigen Generationen Rechnung trägt. Die von Ökonomen wohl am häufigsten gegebene Antwort lautet: "Im Prinzip ja, aber ...". Der erste Teil der Antwort stützt sich einerseits auf Hotelling (1931), der zeigt,

---

$Q_{t+1} = 1/6\, Q_t$. Eine Analyse der Konsequenzen, die die Unsicherheit der Verfügungsrechte in bezug auf den Abbau einer nicht-erneuerbaren Ressource mit sich bringt, untersuchen auch Konrad et al. (1994).

daß der Marktprozeß zu einer utilitaristisch besten Nutzung von Ressourcen führt, und andererseits auf das Resultat der allgemeinen Gleichgewichtstheorie, daß im Marktgleichgewicht Güter auch in der zeitlichen Dimension effizient alloziiert werden. Dazu wird der Güterraum in der zeitlichen Dimension erweitert. Ein Gut wird dann außer durch seine anderen Eigenschaften auch durch den Zeitpunkt seiner Bereitstellung charakterisiert (Arrow-Debreu-Modell).[14] Gemäß dem ersten Wohlfahrtstheorem ist die Marktallokation effizient, wenn für alle so charakterisierten Güter ein Markt existiert. Das einschränkende "aber" bezieht sich zunächst darauf, daß die Existenz der Märkte für Zukunftsgüter nicht gegeben ist. Wenn Märkte fehlen, ist eine effiziente Allokation nicht gewährleistet.[15] Fehlen für eine Ressource Zukunftsmärkte, dann sind die später erzielbaren Preise unsicher. Risikoaverse Anbieter werden die Ressource daher schneller auf den Markt bringen, und das Angebot für die Zukünftigen ist knapper als in einem System vollständiger Märkte. Die Benutzung des Marktmechanismus setzt voraus, daß private Verfügungsrechte an den Gütern definiert sind und gesichert werden können. Daher bedingen öffentliche Güter fehlende Märkte; fehlende Märkte führen wiederum zu externen Effekten und Ineffizienzen. Dieses Problem wird in allen Lehrbüchern ausführlich behandelt – wenn auch nicht immer unter dem Stichwort "fehlende Märkte" – und braucht daher hier nicht weiter betrachtet zu werden.[16] Von den

---

14 Auch in der Risikodimension läßt sich eine solche Generalisierung vornehmen. Ein vollständiges System von Märkten schließt dann auch kontingente Märkte ein. Ein Taxi, das am Bahnhof bereit steht, wenn es regnet, stellt ein anderes Gut bereit als ein Taxi zur gleichen Zeit am gleichen Ort im Fall, daß das Wetter schön ist. Vgl. Debreu (1959) oder Arrow/Hahn (1971).

15 Vgl. Newbery (1990, 218 ff).

16 Eine gute Darstellung findet sich bei Cornes/Sandler (1986).

Problemen eines unvollständigen Marktsystems wird im folgenden abstrahiert. Vielmehr soll eine andere Bedingung problematisiert werden.

Wir gehen bei der Betrachtung eines Systems von Märkten normalerweise davon aus, daß die Menge der Marktteilnehmer gegeben ist und daß die Marktteilnehmer durch ihre Präferenzen und ihre Anfangsausstattung charakterisiert werden. In vielen Kontexten ist diese Annahme unproblematisch, nicht jedoch im intertemporalen Kontext. Es treten drei Probleme auf.

Erstens findet im Arrow-Debreu-Modell nur zu einem Zeitpunkt Handel statt. Nennen wir diesen Zeitpunkt den Markttag. Die Preisbildung erfolgt auf allen Märkten simultan, auch auf den Märkten für Zukunftsgüter. Wie können die Zukünftigen auf den Märkten repräsentiert sein? In einer Modellwelt ist dies kein Problem. Wir können uns die Zukünftigen durch Treuhänder vertreten denken. Entscheidend ist aber, daß am Markttag bereits feststeht, wer gemäß seiner Ausstattung und Präferenzen welche Güter anbietet und nachfragt. Im intertemporalen Kontext ist aber die Bevölkerungsentwicklung endogen. Es mag von den heutigen Marktergebnissen abhängen, wie viele Individuen zu den verschiedenen Zeiten existieren werden.

Zweitens: Selbst wenn man zur Vereinfachung von einer stationären Bevölkerung ausgeht, könnte das heutige Marktergebnis die Präferenzen der zukünftigen Individuen beeinflussen. Selbst wenn also die Zahl der Marktteilnehmer feststeht, so ist doch nicht klar, wer diese durch ihre Präferenzen charakterisierten Marktteilnehmer sind. Mit anderen Worten, die Präferenzen sind endogen.

Wenn wir auch dieses Problem umgehen, etwa indem wir die Annahme setzen, jedes im Zeitablauf ausscheidende Individuum werde durch eines mit identischen Präferenzen ersetzt, dann bleibt ein drittes Problem. Man kann nicht davon ausgehen, daß im intertemporalen Fall die Ausstattung der Individuen exogen gegeben ist. Man kann dies natürlich ebenfalls als Modellannahme setzen, dann befindet man sich in der beschriebenen Arrow-Debreu-Welt und den Belangen der Zukünftigen wird gemäß ihrer Anfangsausstattung Rechnung getragen. Dabei ist trivialerweise klar, daß, was intertemporal effizient ist, nicht intergenerationell gerecht zu sein braucht. Die Frage der Gerechtigkeit ist hier eine Frage der Anfangsausstattung. Die neuere Wohlfahrtsökonomik hält sich in dieser Frage ganz zurück und verweist auf das zweite Wohlfahrtstheorem, gemäß dem jeder effiziente Zustand – und damit eben auch ein als gerecht angesehener – durch eine geeignete Wahl des Ausgangszustands als Marktgleichgewicht implementiert werden kann. Eine Bewertung des Ausgangszustands zu geben, ist nicht Sache der modernen Wohlfahrtsökonomik.

Wie in Kapitel 3.1 bereits ausgeführt wurde, verfolgt die ältere Wohlfahrtsökonomik dagegen ein anspruchsvolleres Programm, nämlich die Maximierung der (als interpersonell vergleichbar gedachten) Wohlfahrt aller. Gehen wir von Individuen mit identischen Nutzenfunktionen aus, dann wird die Wohlfahrt bei einer Gleichverteilung der Ausstattung maximal. Hotellings (1931) Resultat, daß der Markt die utilitaristisch beste Ressourcenallokation bewirkt, beruht implizit auf der Idee einer Gleichverteilung der Ausstattung über die Generationen hinweg. Diese implizite Annahme kommt dadurch zum tragen, daß Hotelling bei seinen Überlegungen eine zeitinvariante Nachfragefunktion unterstellt. Nachfrage auf Märkten ist aber immer kaufkräftige Nachfrage; daher müssen auch die Zukünftigen über eine entsprechende Ausstattung verfügen, um auf den Märkten als Nachfrager auftreten zu können. Wären zukünftige Generationen besser (oder schlechter) ausgestattet als die gegenwärtige Generation, so würde sich dies in einer steigenden (bzw. sinkenden) Ressourcennachfrage niederschlagen.

Betrachten wir zur Veranschaulichung ein zwei-Perioden-Modell der Nutzung einer begrenzten, nicht-erneuerbaren Ressource

Q. In Abbildung 6.1 sind N_0 und N_1 die Nachfragekurven analog zu dem von Hotelling (1931) betrachteten Fall zeitlich invarianter Nachfrage. q_t und p_t bezeichnen Mengen und Preise in den einzelnen Perioden $t = 0, 1$. Dabei gilt $Q = q_0 + q_1$, da, wenn wir Nicht-Sättigung unterstellen, im Optimum die Ressource vollständig verbraucht wird. Bei einem für die Volkswirtschaft gegebenen Zinssatz i, muß im Marktgleichgewicht gemäß der Hotelling-Regel gelten, daß $p_1 = p_0(1 + i)$.

Diese Beziehung ist im zweiten Quadranten von Abbildung 6.1 wiedergegeben. Für gegebenes i, N_0 und N_1 gibt es nun genau einen Preis $p_0{}'$, bei dem der Ressourcenbestand Q gerade ausgeschöpft wird. Daraus ergibt sich der Ressourcenverbrauchspfad $(q_0{}', q_1{}')$.

Betrachten wir nun den Fall, in dem die zweite Generation über ein geringeres Budget verfügt als die erste. Wenn wir annehmen, daß die Ressource kein inferiores Gut ist, dann sinkt die Nachfrage, und wir erhalten eine Nachfragefunktion $N_1{}''$. Gegeben i, N_0 und $N_1{}''$ gibt es wiederum genau einen Preis $p_0{}''$, bei dem der Ressourcenbestand vollständig ausgeschöpft und die Nachfrage in beiden Perioden befriedigt wird. Der Nachfragerückgang bedingt einen geringeren Preis in der zweiten Periode. Daher muß aber aufgrund der Hotelling-Regel der Preis $p_0{}''$ kleiner sein als der ursprüngliche Ausgangspreis $p_0{}'$. Die Ressourcennutzung, die sich daraus ergibt, ist $(q_0{}'', q_1{}'')$, und es gilt $q_0{}'' > q_0{}'$ und $q_1{}'' < q_1{}'$.

Eine Ungleichverteilung der Ausstattung führt zu unterschiedlichen Ressourcennachfragefunktionen und im betrachteten Fall zu größerer Ungleichheit der Ressourcennutzung im Marktgleichgewicht. Diese Ungleichheit ist bei gegebener Ausstattung effizient (im Sinne der modernen Wohlfahrtsökonomik), aber sie ist kein Wohlfahrtsmaximum (im Sinne der älteren utilitaristischen Wohlfahrtsökonomik). Wenn wir eine intertemporale Umverteilung zulassen und von identischen Nutzenfunktionen ausgehen, dann muß die Ressourcennutzung im Optimum zwischen den Generationen gleichverteilt sein.[17] Wir können festhalten, daß der Markt (unter idealen Bedingungen) für eine pareto-effiziente Ressourcennutzung sorgt. Dabei ist wenig überraschend, daß das Marktergebnis die intertemporale Verteilung der Ausstattung widerspiegelt. Der Markt sorgt gerade in dem Maße für die Belange der Zukünftigen, wie diesen Belangen durch eine entsprechende Verteilung der Ausgangsausstattung Rechnung getragen wird.

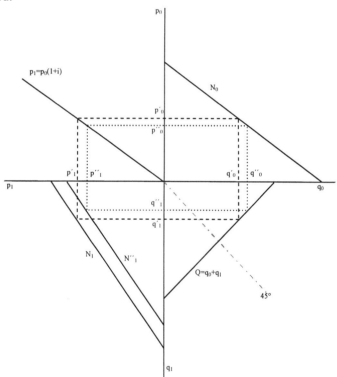

Abbildung 6.1: Ressourcenallokation bei Nachfragerückgang

---

17 Daß Hotelling (1931, 143) zu einer ungleichen Ressourcennutzung kommt (entsprechend dem Punkt (q_0', q_1') in Abbildung 6.1), liegt daran, daß er zukünftige Nutzen diskontiert. Vgl. dazu auch S. 33 f.

Mit diesen Überlegungen deutet sich bereits an, welche Auswirkungen auf die optimale Ressourcennutzung sich aus einem
Verzicht auf die Gleichverteilungsannahme ergeben. Im folgenden
soll nun die Beschreibung der Hobbes'schen Anarchie, die in
Abschnitt 6.1 gegeben wurde, noch ergänzt werden. Dort hatte
ich die Feststellung getroffen, daß die Zukünftigen schlechte Aussichten haben, sich Ressourcen anzueignen. Diese Feststellung war
vorläufig, da weder Produktion noch Kapitalbildung und technischer Fortschritt berücksichtigt worden sind. Die intertemporale Allokation einer Ressource wird nämlich davon abhängen,
ob und wie die Ressource produktiv eingesetzt werden kann.

Bei der nun folgenden Analyse der Hobbes'schen Anarchie
soll zunächst (1) der Fall betrachtet werden, in dem nach der ersten Aneignung die Verfügungsrechte gesichert sind. Erst im zweiten Schritt (2) wird der Fall betrachtet, in dem die neu hinzutre-
tenden Generationen den geltenden Verfassungsvertrag bestreiten.
Die Zuteilung der Verfügungsrechte wird dann in einem nicht-
kooperativen Verhandlungsspiel jeweils neu bestimmt.

(1) Gesicherte Verfügungsrechte

Wir betrachten (wie in Abschnitt 6.1) ein Modell überlappender
Generationen.[18] Generation t lebt in den Perioden t und $t+1$. Wie
vorher soll von identischen Individuen ausgegangen werden, so
daß sich die Betrachtung auf ein repräsentatives Individuum
beschränken kann, das kurz mit "Generation t" bezeichnet wird.
Für die folgende Modellanalyse wird nun angenommen, daß ein
begrenzter Ressourcenvorrat Q existiert, der lagerfähig, aber nicht
direkt konsumierbar ist. Q dient als ein notwendiger Input zur
Herstellung eines Konsumgutes x, das jedoch im Unterschied zu

---

18 Modelle dieser Art gehen auf eine Arbeit von Samuelson (1958) zurück.
   Einen kurzen Überblick gibt Geanakoplos (1987). Vgl. Lang (1996) für
   eine ausführlichere Darstellung.

Q nicht gelagert werden kann. Weiter wird nun angenommen, daß Generation t nur in Periode t produktiv tätig ist, Konsumbedürfnisse aber in beiden Lebensperioden bestehen. Da das Konsumgut nicht gelagert werden kann, muß es über den Markt bezogen werden. Dabei kann ein Austausch nur zwischen Generationen erfolgen, die eine gemeinsame Lebenszeit haben.

Formal kann die Modellstruktur wie folgt beschrieben werden. Jede Generation t verfügt über eine Technologie zur Produktion des Konsumgutes x_t unter Einsatz der Ressource q_t, d.h.

$$x_t = x_t(q_t) \, . \tag{6.1}$$

Dabei gilt

$$Q \geq \sum_{t=1}^{T} q_t \, . \tag{6.2}$$

x_t sei stetig und zweimal differenzierbar mit positiver und abnehmender Grenzproduktivität. Wir bezeichnen t's anfängliche Ressourcenausstattung mit Q_t und die auf dem Markt erworbenen Ressourcen mit r_t. Dann gilt die folgende Restriktion.

$$Q_t + r_t = q_t + r_{t+1} \, , \tag{6.3}$$

wobei r_{t+1} die von Generation t über den Markt an die nachfolgende Generation abgegebene Ressourcenmenge bezeichnet. Für die Analyse wird eine additiv separable Nutzenfunktion unterstellt,

$$u_t = u(c_t) + u(z_t) \, . \tag{6.4}$$

Dabei bezeichnen c_t t's Konsum in Periode t und z_t t's Konsum in Periode $t+1$. Auch u_t sei stetig und zweimal differenzierbar mit positivem und abnehmendem Grenznutzen in beiden Argumenten. Da Generation t in Periode $t+1$ nicht selbst produzieren kann, muß der Bedarf z_t am Markt erworben werden. Dafür erhält die folgende Generation eine bestimmte Menge an Ressourcen. Der Preis p_t für die Ressource (das Austauschverhältnis von Konsumgut und Ressource) bildet sich auf dem Markt. Es gilt

$$z_{t-1} = p_t r_t. \tag{6.5}$$

Das Konsumgut fungiert mithin als *numéraire*-Gut. Da das Konsumgut nicht gelagert werden kann, gilt als weitere Restriktion

$$x_t = c_t + z_{t-1}, \text{ oder auch } z_t = x_{t+1} - c_{t+1}. \tag{6.6}$$

Innerhalb dieses Modellansatzes soll nun der Pfad der Ressourcennutzung und die Verteilung des Konsums und der Nutzen zwischen den Generationen bestimmt werden. Dazu ist Generation t's Maximierungsproblem zu lösen:

$$\max_{r_t, q_t}\left[u_t = u\big(x_t(q_t) - p_t r_t\big) + u\big(p_{t+1} \cdot (Q_t + r_t - q_t)\big)\right]. \tag{6.7}$$

Aus den Bedingungen erster Ordnung des Maximierungsproblems (6.7) ergibt sich

$$p_t = \frac{dx}{dq} \tag{6.8}$$

und

$$\frac{p_{t+1}}{p_t} = \frac{\partial u / \partial c_t}{\partial u / \partial z_t}. \tag{6.9}$$

Gemäß (6.8) ist der Preis der Ressource gleich dem Grenzprodukt des Ressourceneinsatzes. Gemäß (6.9) ist das Verhältnis der Grenznutzen des gegenwärtigen und des zukünftigen Konsums dem Preisverhältnis des gegenwärtig und zukünftig bereitgestellten Konsumguts gleich. Man beachte dazu, daß der Preis des Konsumguts gerade dem Kehrwert des Ressourcenpreises entspricht.

Für eine weitergehende Analyse betrachten wir eine Volkswirtschaft mit endlichem Zeithorizont. Der Ressourcenvorrat ist auf T Generationen aufgeteilt. Die Verteilung ist durch $(Q_1,...,Q_T)$ gegeben. Als weitere Spezifikation wird angenommen, daß

$$x_t = a\, q_t^{\alpha}, \text{ mit } a > 0,\, 0 < \alpha < 1, \tag{6.10}$$

und

$$u_t = \log(c_t) + \log(z_t). \tag{6.11}$$

Generation t's Nutzenfunktion kann dann wie folgt geschrieben werden:

$$u_t = \log\!\big(a(Q_t + r_t - r_{t+1})^{\alpha} - p_t r_t\big) + \log\!\big(p_{t+1} r_{t+1}\big). \tag{6.12}$$

Die Bedingungen erster Ordnung für die Maximierung von (6.12) ergeben

$$p_t = a\alpha(Q_t + r_t - r_{t+1})^{\alpha-1} \tag{6.13}$$

und

$$r_{t+1} = \frac{Q_t + r_t(1-\alpha)}{1+\alpha}. \tag{6.14}$$

Für die erste Generation, $t=1$, die keine Vorgänger hat und daher keine zusätzlichen Ressourcen r_t erwerben kann, gilt

$$r_2 = \frac{Q_1}{1+\alpha}. \tag{6.15}$$

Das System von Gleichungen (6.13)-(6.15) ist für beliebige Ausgangsallokationen des Ressourcenvorrats $(Q_1,...,Q_T)$ lösbar und bestimmt Preise, Ressourceneinsatz, Konsum und Nutzen für alle Generationen vollständig.[19]

Zwei Fälle sollen nun genauer betrachtet werden.

(i) Wir nehmen an, die Verfügungsrechte an Ressourcen seien zwischen den Generationen gleichverteilt, d.h. $Q_1 = Q_2 = ... = Q_T$ bzw. $Q_t = Q/T$. Durch Einsetzen von (6.15) in (6.14) und iteriertes Einsetzen des jeweiligen Resultats in (6.14) ergibt sich

$$r_t = \frac{Q_t}{1+\alpha} \sum_{k=0}^{t-2} \left(\frac{1-\alpha}{1+\alpha}\right)^k . \qquad (6.16)$$

(6.16) gibt die Handelsmenge für jede Periode $t=2,...,T$ an. Unterstellen wir eine große Zahl von Generationen, dann konvergiert (6.16) gegen $Q_t/2\alpha$. Die Preise ergeben sich aus (6.13).

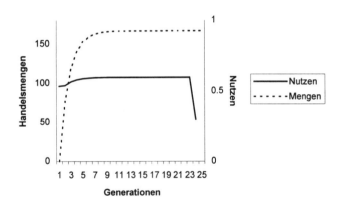

Abbildung 6.2: Handelsmengen und Nutzen bei Gleichheit der Anfangsausstattung

---

19 Zur Lösung ist (6.15) in (6.14) einzusetzen. Dann ergibt sich durch iteriertes Einsetzen von (6.14) der Pfad der Handelsmengen. Damit kann aus (6.13) auch der Preispfad bestimmt werden. Die Konsum- und Nutzenpfade ergeben sich dann ohne Schwierigkeiten.

Konsum und Nutzen sind dann leicht zu berechnen. Abbildung 6.2 zeigt Handelsmengen und Nutzen für die beliebig gesetzten Parameter $a=1$; $\alpha=0.3$; $T=25$, $Q_t=100$.[20]

(ii) Ein zweiter Fall ist hier von besonderem Interesse. Es soll angenommen werden, daß sich die erste Generation die vorhandenen Ressourcen vollständig aneignen kann und ihre Besitzrechte auch für die Zukunft gesichert sind. Wir betrachten also die Ressourcenallokation $(Q,0,...,0)$. Durch Einsetzen von (6.15) in (6.14) und iteriertes Einsetzen von (6.14) ergibt sich

$$r_t = \frac{Q}{1+\alpha} \left(\frac{1-\alpha}{1+\alpha}\right)^{t-2}. \tag{6.17}$$

Abbildung 6.3 zeigt für diesen Fall wiederum Handelsmengen und Nutzen für die Parameter $a=1$; $\alpha=0.3$; $T=25$, $Q=2500$.

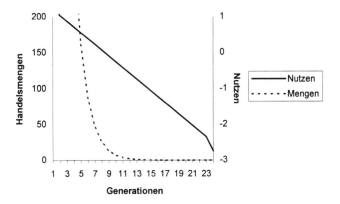

Abbildung 6.3: Generation 1 als "Ressourcenmonopolist":
Handelsmengen und Nutzen

---

20 Andere Parameterkonstellationen bringen qualitativ gleichwertige Ergebnisse. Die Nutzen der letzten Generation werden in der Abbildung nicht einbezogen, da ihnen die zweite Lebensphase fehlt.

(2) Ungesicherte Verfügungsrechte

Betrachten wir nun den für die Argumentation besonders
wichtigen Fall, in dem wir die Annahme aufgeben, daß die Verfügungsrechte an Ressourcen von Beginn an wohldefiniert und ohne
weitere Aufwendungen gesichert sind. Vielmehr wird angenommen, daß sich Verfügungsrechte erst aus einem Verfassungsvertrag ergeben, der von den Mitgliedern der Gesellschaft vereinbart wird. Bevor ein solcher Vertrag geschlossen ist, befindet sich
die Gesellschaft in Hobbes'scher Anarchie, deren Überwindung
erst die Ressourcennutzung und vor allem den Tausch auf dem
Markt ermöglicht. Da angenommen wird, daß die Individuen nur
ihre eigene Wohlfahrt maximieren, werden in einer beliebigen
Periode t die Verfügungsrechte an den vorhandenen Ressourcen
nur unter den zu diesem Zeitpunkt Lebenden verteilt. Zukünftige
Generationen können in einer solchen Gesellschaft keine Verfügungsrechte haben, da sie weder Vertragspartei sein noch ihre
Rechte durchsetzen können. Da nun die in einer Periode neu hin-
zutretende Generation die bis dahin geltenden Rechte nicht zu
akzeptieren braucht, werden der Verfassungsvertrag und die Aus-
gangsverteilung der Verfügungsrechte in jeder Periode neu ver-
handelt. Dazu nehmen wir an, daß alle Individuen, die zur selben
Generation gehören, einen gleichen Anteil an der Ressource erhalten. Analysiert werden soll hier nicht die Verteilung innerhalb
einer Generation, sondern nur die Verteilung zwischen den Generationen. Der Verteilungskonflikt in der Periode t betrifft die Generationen t-1 und t. Unter der Annahme, daß eine Verhandlungslösung erreicht werden kann, kann die Ressourcenmenge
verteilt werden, die zu Beginn von Periode t noch vorhanden ist.
Diese Menge sei mit R_t bezeichnet. Es gilt

$$R_t = Q - \sum_{k=1}^{t-1} q_k \,, \qquad\qquad (6.18)$$

wobei Q wiederum die anfänglich (in $t = 1$) vorhandene Gesamtmenge der Ressource bezeichnet.

Zur Modellierung der Verhandlungen um die Verteilung der Ressourcenrechte muß man streng genommen von einem nicht-kooperativen Verhandlungsspiel ausgehen. Um den Verhandlungsprozeß abzubilden, müßten dann die einzelnen Perioden eine feinere Einteilung der Zeitstruktur erhalten.[21] Diese Modellkomplikation soll hier dadurch umgangen werden, daß wir die Annahme setzen, daß eine effiziente Verhandlungslösung erreicht wird, die zu einer gemäß der relativen Verhandlungsstärke unterschiedlichen Aufteilung des Ressourcenvorrats führt. Wir nehmen an, daß die neue Generation einen Anteil s_t erhält und der älteren Generation $t-1$ ein Anteil $1-s_t$ verbleibt. Die Ausstattung von Generation t, die sich aus dem neu verhandelten Gesellschaftsvertrag ergibt, ist also

$$Q_t = s_t R_t \text{, mit } 0 \leq s_t \leq 1. \tag{6.19}$$

In dem durch (6.18) und (6.19) gegebenen Rahmen des intergenerationellen Ressourcennutzungsmodells wird der Verhandlungsprozeß allein durch die Variable s abgebildet. Dadurch geht zwar die strategische Struktur der Verhandlungssituation verloren, wir erhalten aber Resultate von größerer Allgemeinheit, die unabhängig von der spezifischen Verhandlungssituation gelten. Dies gilt jedenfalls, solange der Verhandlungsprozeß nicht direkt mit den Produktions- und Marktentscheidungen der Individuen verbunden ist, d.h. solange der Verfassungsvertrag nur die Verfügungsrechte zuweist, ohne dabei etwa Produktionsauflagen zu bestimmen. Sobald die Verfügungsrechte zugeteilt sind, können die Individuen gemäß ihrer Rechte Entscheidungen treffen. In der

---

21 Rubinstein (1982) modelliert einen solchen Verhandlungsprozeß als Spiel in extensiver Form. Vgl. dazu auch Osborne/Rubinstein (1990, 29 ff).

hier vorgestellten Modellwelt sind dies Produktions-, Markt- und Konsumentscheidungen. Die Notation und die Grundzüge des Modells gemäß der Gleichungen (6.1)-(6.6) mit den Spezifizierungen in (6.10)-(6.11) sollen weiterhin gelten, wobei allerdings (6.3) durch

$$Q_t + r_t = q_t + R_{t+1}. \tag{6.20}$$

ersetzt werden muß. Der Anteil, den Generation t-1 bei den Neuverhandlungen in Periode t bekommt, wird Generation t im Tausch für das Konsumgut angeboten. Es gilt

$$r_t = (1-s_t)R_t, \tag{6.21}$$

und daher gemäß (6.5) $z_{t-1} = p_t R_t (1-s_t)$. Außerdem gilt

$$R_{t+1} = R_t - q_t. \tag{6.22}$$

Aus der Nutzenfunktion (6.11) ergibt sich Generation t's Maximierungsproblem als

$$\max_{r_t, R_{t+1}} \left[u_t = \log\left(a(Q_t + r_t - R_t)^\alpha - p_t r_t\right) + \log\left(p_{t+1} R_{t+1}(1 - s_{t+1})\right) \right]. \tag{6.23}$$

Man beachte dabei, daß q_t zwar eine Entscheidungsvariable von Generation t ist, diese ergibt sich jedoch als Residual aus Gleichung (6.20), wenn r_t und R_{t+1} bestimmt sind. Aus den Bedingungen erster Ordnung von (6.23) erhält man

$$p_t = a\alpha(Q_t + r_t - R_t)^{\alpha-1} \tag{6.24}$$

und

$$R_{t+1} = \frac{Q_t}{1+\alpha} + r_t \frac{1-\alpha}{1+\alpha}. \tag{6.25}$$

Substitution von (6.19) und (6.21) in (6.25) ergibt

$$R_{t+1} = R_t \frac{1-\alpha+\alpha s_t}{1+\alpha}. \tag{6.26}$$

Wenn wir wiederum eine endliche Volkswirtschaft betrachten, dann kann sich die erste Generation, da sie keine Vorgängergeneration hat, den gesamten Ressourcenvorrat Q aneignen. Daher gilt $Q_1 = Q$. Jede Generation kann nur einen Teil der nicht im Produktionsprozeß verwendeten Ressourcen an ihre Nachfolger verkaufen, nämlich den Teil, an dem sie sich die Verfügungsrechte bei der Neuverhandlung des Verfassungsvertrages sichern kann, also $(1-s_t)R_t$. Da in aller Regel $s_t > 0$ gilt, muß ein Teil der Ressourcen ohne Entgelt an die nachfolgende Generation abgegeben werden.

Aus der Bedingung erster Ordnung des Maximierungsproblems der ersten Generation erhält man

$$R_2 = \frac{Q}{1+\alpha}. \tag{6.27}$$

Aus (6.27) und iterativem Einsetzen in (6.26) erhält man unter der Annahme zeitinvarianter relativer Verhandlungsstärke der aufeinanderfolgenden Generationen (d.h. $s \equiv s_2 = s_3 = \ldots = s_T$)

$$R_t = \frac{Q_t}{1+\alpha}\left(\frac{1-\alpha+\alpha s}{1+\alpha}\right)^{t-2}. \tag{6.28}$$

Für $s = 0$ ist (6.28) mit (6.17) identisch; denn der dort betrachtete Fall (ii) unterstellt gesicherte Verfügungsrechte mit einer Zuteilung des gesamten Ressourcenbestands an die erste Generation. Setzen wir $s = 0$, dann ist damit genau dieser Fall beschrieben.

Unter der Annahme $s > 0$ sind die Verfügungsrechte nur unvollständig gesichert. Der Ressourcentransfer zur nächsten Generation ist teils ein Resultat der Neuverteilung der Verfügungsrechte durch Nachverhandlungen, teils aber ein Ergebnis des

Marktprozesses. Abbildung 6.4 gibt den Pfad der Ressourcenzu-teilung Q_t für verschiedene Werte von s an.

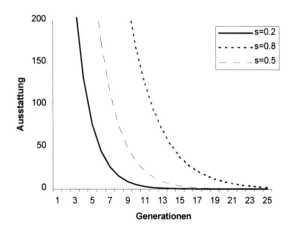

Abbildung 6.4: Ressourcenzuteilung durch Generationenverträge[22]

Aus dem Ressourcennutzungspfad (6.28) können mit Hilfe von (6.19), (6.21) und (6.24) leicht Preis-, Konsum- und Nutzenpfade berechnet werden. Die Resultate für die Nutzen sind in Abbildung 6.5 für verschiedene Werte von s angegeben. Aus Ab-bildung 6.4 ist erkennbar, daß für hohe Werte von s die späteren Generationen sich zwar einen höheren Anteil der Ressource an-eignen können, dies gereicht ihnen aber, wie aus Abbildung 6.5 erkennbar ist, nicht unbedingt zum Nutzen. Dies kann damit be-gründet werden, daß den früheren Generationen der Anreiz zur Sparsamkeit fehlt. Konsumverzicht in der ersten Lebensperiode kann dann nicht durch größere Konsummöglichkeiten in der zweiten Lebensperiode kompensiert werden.

---

22 Dabei wurde wiederum $a = 1$; $\alpha = 0.3$; $T = 25$, $Q = 2500$ gesetzt.

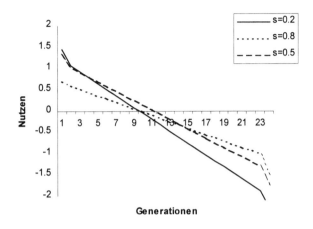

Abbildung 6.5: Nutzenniveaus bei Neuverhandlung

Zum Abschluß dieser Modellanalyse sollen einige Überlegungen zur Möglichkeit von Kapitalbildung und technischem Fortschritt ergänzt werden. Kapitalbildung und technischer Fortschritt bedeuten eine Erweiterung der Produktionskapazitäten in der Zukunft. Die Zukünftigen können pro eingesetzter Einheit Ressource mehr Konsumgüter erzeugen. Es liegt nahe anzunehmen, daß eine solche Produktivitätssteigerung kompensatorisch wirkt, d.h. den Nachteil, den die zukünftigen Generationen bei der Ressourcenaneignung haben, ausgleicht. Im vorher skizzierten Modell ist nun aber leicht zu zeigen, daß dies zumindest nicht generell gelten muß. Eine Möglichkeit, technischen Fortschritt in das Modell zu integrieren, ist die Annahme, daß der Parameter *a* in der Produktionsfunktion (6.10) im Zeitablauf wächst. Eine höhere Produktivität ist gemäß (6.24) mit höheren Ressourcenpreisen verbunden, so daß die jeweils ältere Generation von den Produktivtätsfortschritten profitiert. In der gewählten Modellspe-

zifikation ergeben sich überdies allein Preis-, aber keine Mengen-
effekte des Ressourcentransfers. Der Einkommenseffekt, der sich
durch höhere Ressourcenpreise in der zweiten Lebensperiode ergibt und höheren Konsum in beiden Perioden erwarten läßt, wird
durch den Substitutionseffekt vollständig kompensiert; denn der
relative Preis des gegenwärtigen Konsums (bezogen auf zukünftigen Konsum) ist gestiegen. Anders gesagt, für eine Einheit Ge-
genwartskonsum müssen um so größere Konsummöglichkeiten in
der Folgeperiode aufgegeben werden, je größer die Produktivitäts-
fortschritte sind. Dieses Resultat ist aus (6.27) und (6.28) ersicht-
lich. Der dort bestimmte Ressourcentransferpfad ist unabhängig
von den Preisen. Zwar ist dieses Resultat zum Teil der Modellspe-
zifikation geschuldet – hier in erster Linie der Wahl der Nutzenfunktion – es ist jedoch hinreichend, um zu zeigen, daß auch die
Möglichkeit technischer Fortschritte, den zukünftigen Generationen keine ausreichenden Überlebensmöglichkeiten garantiert.

Die Schlußfolgerung aus diesen Überlegungen kann so formuliert werden: Ein Hobbes'scher Gesellschaftsvertrag, der zwischen
je zwei aufeinander folgenden Generationen geschlossen wird,
kann nur schwache Rechte für zukünftige Generationen begründen.[23] Wenn wir glauben, daß die Mitglieder zukünftiger Generationen gleiche Rechte auf die natürlichen Ressourcen haben wie
wir selbst, dann ist dies mit einem radikalen Liberalismus nicht
kompatibel. Daher haben zukünftige Generationen entweder
keine gleichen Rechte – und wir müssen derartige moralischen
Intuitionen aufgeben – oder der radikale Liberalismus ist unhalt-
bar. Um es noch deutlicher zu sagen: Der Verzicht auf den
Gleichheitsgrundsatz führt zu unannehmbaren Konsequenzen.
Ein Generationenvertrag, der unter den Bedingungen der

---

23 Bei Laslett (1992) finden sich weitere Argumente für Skepsis bezüglich
   der Möglichkeit und Begründung von Generationenverträgen dieses
   Typs.

Hobbes'schen Anarchie ausgehandelt wird, sichert nicht einmal die Überlebensmöglichkeiten der Zukünftigen. Wer den Gleichheitsgrundsatz aufgeben will, muß diese Konsequenz akzeptieren. Für einen radikalen Liberalisten endet hier die Betrachtung; denn im folgenden wird am Gleichheitsgrundsatz festgehalten, und zwar gerade weil eine Gefährdung des Überlebens der Zukünftigen durch unsere Entscheidungen unannehmbar erscheint.

7. Sustainability of What?

Fassen wir den Stand der Überlegungen kurz zusammen. Die normative Leitidee ist, den Begriff der Gerechtigkeit als Gleichheit zu rekonstruieren. Der Gleichheitsgrundsatz soll aber nicht auf die Wertbasis der traditionellen Wohlfahrts- und Ressourcenökonomik bezogen werden, sondern auf Wahlfreiheit. In intertemporaler Perspektive geht es dann um den langfristigen Erhalt von Wahlmöglichkeiten. In diesem Kapitel wird zunächst eine Skizze einer Werttheorie entworfen, auf der eine normative Ressourcenökonomik aufbauen kann. In Abschnitt 7.1 werden die Überlegungen zur Wertbasis der Wahlfreiheit weiter vertieft und die Wertbasis mit der Leximin-Aggregationsregel verbunden. Diese Aggregationsregel kommt dem Gleichheitsgrundsatz – und im intergenerationellen Kontext dem Nachhaltigkeitsgrundsatz – möglichst nahe, ohne die Bedingung der Pareto-Effizienz zu verletzen. Abschnitt 7.2 skizziert die sich daraus ergebende Theorie intergenerationeller Gerechtigkeit.

7.1 Chancengleichheit und Selbstverantwortung

Eine Werttheorie, bestehend aus Wertbasis und Aggregationsregeln, setzt normative Standards, die kollektives Handeln leiten sollen, und sie bietet einen Maßstab, an dem bestehende Institutionen kollektiven Handelns gemessen werden können. Das Problem kollektiven Handelns nimmt unter der Prämisse eines methodologischen und politischen Individualismus eine besondere Form an. Im Kontext einer Werttheorie bedeutet methodologischer Individualismus, daß alle Werte, auch die, die *kollektives* Handeln leiten, auf Werten von Individuen basieren. Politischer Individualismus bedeutet, daß in der kollektiven Entscheidungs-

findung die individuelle Freiheit respektiert wird.[1] Entscheidend
für eine Werttheorie ist nun, wie die Sphäre kollektiven Handelns
von der Sphäre individueller Entscheidungen abgegrenzt wird;
oder anders formuliert, welche Entscheidungen im Bereich individueller Freiheit *und* Verantwortung liegen und welche Aspekte
Gegenstand einer kollektiven Bewertung sein sollen.

In Kapitel 5 wurden Sens Kritik des Wohlfahrtsbegriffs und
die wichtigsten Alternativen für eine Wertbasis vorgestellt und
diskutiert. Das dort vorgetragene Argument besagt, kurzgefaßt,
daß die Adäquatheit einer Wertbasis davon abhängt, wie die
Grenzlinie zwischen individueller und kollektiver Verantwortung
gezogen wird. Der Wohlfahrtsbegriff läßt keinen Raum für
individuelle Entscheidungen, die unabhängig von anderen getroffen werden können. Wird die Wohlfahrtsposition der Mitglieder
der Gesellschaft kollektiv festgelegt, dann bleibt kein Raum für
Freiheit und Verantwortung. Wohlfahrt kann daher nicht die
Zielgröße - zumindest nicht die alleinige Zielgröße - für kollektive Entscheidungen sein. Dies gilt ganz unabhängig von der verwendeten Aggregationsregel. In der Gegenposition, in der es keine
kollektive Verantwortung gibt, bleibt alles den isolierten Entscheidungen der Einzelnen überlassen. Gemäß einer solchen
Position können Individuen keine Rechte haben, da Rechte kollektiv festgelegte Regeln sind. Beide Extrempositionen, ein *welfarism*, der Eigenverantwortung ausschließt, und die Anarchie, in
der es keine kollektive Verantwortung gibt, erscheinen gleichermaßen unplausibel. Es muß also eine mittlere Position gefunden
werden, die zwischen Anarchie und vollkommener Regulierung
liegt, die den Individuen mit Verantwortung verbundene Freiheiten zugesteht, ohne gleichzeitig die Idee individueller Rechte, die
kollektiv gesichert werden müssen, aufzugeben. Dies bedeutet,

---

1 Die Unterscheidung zwischen methodologischem und politischem Individualismus geht auf Schumpeter (1908, 90) zurück.

daß bestimmte Ergebnisse von einzelnen Handlungen oder sozialer Interaktion individuell verantwortet werden, und damit einer Bewertung und Regulierung durch kollektive Institutionen entzogen sind. Es ist nicht leicht, festzulegen, wo die Grenzlinie zwischen individueller und kollektiver Verantwortung zu ziehen ist. Man kann jedoch einen Bereich abstecken, in den die Grenzlinie fallen sollte. Auf der einen Seite sollten die Konsequenzen von individuellen Entscheidungen, die nur den Entscheider selbst betreffen, in den Bereich individueller Verantwortung fallen. Dieses soll im folgenden das Prinzip der Selbstverantwortung genannt werden. Auf der anderen Seite gibt es kollektive Verantwortung zumindest da, wo Leben und körperliche Unversehrtheit des einzelnen gefährdet sind. Wenn man akzeptiert, daß es zumindest ein Grundrecht gibt, sagen wir ein Recht zu leben, dann liegt es in der kollektiven Verantwortung, dieses Recht zu sichern. Die Wahrnehmung dieser Verantwortung erfolgt durch ein institutionelles Arrangement, das einerseits verbietet, jemandem die Lebensgrundlagen zu entziehen, und andererseits verpflichtet, die Lebensgrundlagen für diejenigen bereitzustellen, die dies nicht aus eigener Kraft tun können.[2] Jedem Individuum in der Gesellschaft wird somit ein minimaler Zugang zu Ressourcen eingeräumt. Die Garantie eines Lebensrechts beschränkt das Prinzip der Selbstverantwortung. Die lebensnotwendigen Ressourcen werden auch denen zur Verfügung gestellt, die durch ihre Handlungen die eigenen Lebensgrundlagen gefährden. Nach einem Verkehrsunfall verweigern wir niemandem die medizinische Versorgung, selbst wenn der Unfall selbstverschuldet war.[3]

---

2 Feinberg (1966, 139 f) bezeichnet solche Rechte als "positive rights *in rem*".

3 Diese Beschränkung der Selbstverantwortung ist wiederum mit Einschränkungen der individuellen Freiheit verbunden. Autofahrer sind verpflichtet einen Gurt anzulegen, Versicherungen abzuschließen usw.

Das Prinzip der (beschränkten) Selbstverantwortung bedeutet, daß die Wohlfahrt, die die einzelnen Individuen erreichen, nicht Zielgröße einer kollektiven Entscheidung ist, jedenfalls solange ein Minimalstandard erreicht wird. Gegenstand kollektiver Entscheidungen ist vielmehr die Verteilung der Chancen, d.h. die Verteilung der Möglichkeiten, eine eigene Wahl zu treffen und selbst gesetzte Ziele zu verwirklichen. Wahlmöglichkeiten sind immer mit dem Zugang zu Ressourcen verbunden. Handlungsrechte und Verfügungsrechte über Ressourcen unterliegen daher einer kollektiven Entscheidung. Die Zuteilung solcher Rechte ist Gegenstand einer Eigentumstheorie. In Abschnitt 6.1 hatte ich argumentiert, daß eine Eigentumstheorie nicht ohne den Gleichheitsgrundsatz auskommen kann. Der zunächst naheliegende Gedanke, den Gleichheitsgrundsatz auf die Anfangsausstattung mit Ressourcen zu beziehen, muß allerdings mit Blick auf die in Abschnitt 5.2 vorgetragenen Argumente zurückgewiesen werden. Die gleiche Ausstattung mit Ressourcen und Handlungsrechten wird von den Individuen gemäß ihrer persönlichen Charakteristika unterschiedlich bewertet. Der Unterschied der Bedeutung von Wahlmöglichkeiten für die verschiedenen Personen muß berücksichtigt werden. Der Gleichheitsgrundsatz ist daher auf bewertete Wahlmöglichkeiten zu beziehen, d.h. alle Individuen sollen gleich gute Wahlmöglichkeiten haben. Verschiedene Bewertungen sind denkbar. Man könnte Wahlmöglichkeiten gemäß dem erreichbaren Wohlfahrtsniveau bewerten. Dies schließt allerdings, wie noch zu zeigen sein wird,[4] eine Wertschätzung der Autonomie und Entscheidungsfreiheit von Individuen aus. Für die Frage, wie gut Wahlmöglichkeiten sind, spielt die erreichbare Wohlfahrt zwar eine Rolle, aber die Bewertung ist nicht auf das Wohlfahrtskonzept reduzierbar. Auch etwa die von Arneson (1989) vorgeschlagene Wertbasis "*opportunity for welfare*" trägt der Wert-

---

4 Vgl. dazu ausführlicher Abschnitt 8.1.

dimension "Freiheit" nicht ausreichend Rechnung. Ein autonomer Entscheider wertschätzt auch *opportunity for choice*. Die spezifische Struktur der Wertbasis "Wahlfreiheit" wird in Kapitel 8 ausführlich diskutiert. Für die jetzigen Überlegungen ist es hinreichend anzunehmen, daß es eine Bewertung von Wahlmöglichkeiten gibt und – darüber hinausgehend – daß wir diese Bewertungen interpersonell vergleichen können.[5] Diese Voraussetzung müssen wir treffen, damit der Gleichheitsgrundsatz überhaupt Anwendung finden kann.

Auf der Wertbasis der Wahlfreiheit wäre der Gleichheitsgrundsatz eingelöst, wenn alle gleich gute Wahlmöglichkeiten erhalten. Das streng egalitäre Prinzip, jedem Individuum gleich gute Wahlmöglichkeiten zu geben, ist aber unplausibel. Wenn die Wahlmöglichkeiten eines Individuums schlechter sind als die der anderen, sich aber seine Wahlmöglichkeiten auch durch eine Umverteilung der Handlungs- und Verfügungsrechte nicht verbessern lassen, sollen dann andere auf einige Wahlmöglichkeiten verzichten, um Gleichheit herzustellen? In einer solchen Situation kann eine Modifikation des Gleichheitsgrundsatzes eine Pareto-Verbesserung ergeben. Eine effiziente Situation bei größtmöglicher Gleichheit kann durch das Leximin-Prinzip bestimmt werden.[6] Nach dem Leximin-Prinzip werden die Wahlmöglichkeiten des am schlechtesten gestellten Individuums maximiert, dann die des zweitschlechtest gestellten und so fort, bis keine Verbesserung der Wahlmöglichkeiten irgendeines Individuums mehr erreichbar ist, ohne daß ein schlechter gestelltes sich weiter verschlechtert. In

---

5 Vgl. dazu Abschnitt 9.1.

6 Nicht nur ein strenger Egalitarismus, sondern auch das Rawls'sche Unterschiedsprinzip verletzen die Pareto-Bedingung. Darauf hat zuerst Sen (1970a, 138) hingewiesen. "Leximin-Prinzip" wird als Kurzwort für "lexikographisches Maximin-Prinzip" verwendet. Zur lexikographischen Erweiterung des Unterschiedsprinzips vgl. Rawls (1971, 83).

bezug auf die Wertbasis der Wahlfreiheit kann das Leximin-Prinzip wie folgt definiert werden:

> DEFINITION 7.1: Eine Gesellschaft von n-Individuen ist leximin-gerecht, wenn
>
> (1) die Wahlfreiheit des schlechtestgestellten Individuums maximal ist,
>
> (2) für gleiche Wahlfreiheit der schlechtestgestelleten Individuen, die Wahlfreiheit des zweitschlechtestgestellten Individuums maximal ist,
>
> $\vdots$
>
> (n) für jeweils gleiche Wahlfreiheit der Individuen in der schlechtesten Position, der zweitschlechtesten Position, ... und der $(n{-}1)$-schlechtesten Position die Wahlfreiheit des Individuums in der besten Position maximal ist.[7]

Die Grundstruktur der Werttheorie, die im folgenden auf das Problem intergenerationeller Gerechtigkeit angewendet werden soll, ist also (i) durch den Wert der Wahlmöglichkeiten als Wertbasis und (ii) durch das Leximin-Prinzip als Aggregationsregel bestimmt. Der Wert der Wahlmöglichkeiten wird als "Wahlfreiheit" bezeichnet.

7.2 Intergenerationell gerechte Wahlmöglichkeiten

Die Analyse der Hobbes'schen Anarchie im intergenerationellen Fall (Abschnitt 6.2) hat gezeigt, daß es nicht genügt, die Zugangsrechte zu Ressourcen zu einem bestimmten Zeitpunkt bzw. unter den Mitgliedern einer Generation fair zu verteilen. Es bestehen nämlich nur geringe Anreize, die Ressourcennutzung über die

---

7 Vgl. Sen (1970a, 138 in der Fußnote). Zur axiomatischen Charakterisierung der Leximin-Regel vgl. Hammond (1976b), d'Aspremont/Gevers (1977) und Deschamps/Gevers (1978).

Generationen hinweg so zu verteilen, daß auch für zukünftige Generationen zumindest das Überleben gesichert ist – jedenfalls für den betrachteten Fall eigennutzorientierter rationaler Entscheider. Daher soll die Geltung des Gleichheitsgrundsatzes in der abgeschwächten Form des Leximin-Prinzips auf die Mitglieder aller Generationen ausgedehnt werden. Die Mitglieder aller Generationen sollen gleichgute Wahlmöglichkeiten erhalten. Ungleiche Wahlfreiheit ist nur dann zugelassen, wenn die Ungleichheiten den Schlechtestgestellten zum Vorteil gereichen.[8]

Die Bedeutung des Leximin-Prinzips im intertemporalen Kontext ist in der Literatur ausführlich diskutiert worden.[9] In dieser Diskussion wird zwar Wohlfahrt als Wertbasis angenommen, die wesentlichen Resultate gelten aber unabhängig von der gewählten Wertbasis. Es genügt daher, die Grundlinien einer leximin-gerechten intergenerationellen Verteilung der Wahlmöglichkeiten zu skizzieren. Wir betrachten dazu zunächst die intergenerationelle Verteilung unter der Annahme *intra*generationeller Gleichheit. Im zweiten Schritt wird diese Annahme aufgegeben und der Fall intragenerationeller Ungleichheit betrachtet.

Wenn es keine Ungleichheiten innerhalb der Generationen gibt, dann verlangt das Leximin-Prinzip zunächst die Wahlfreiheit der am schlechtesten gestellten Generation zu maximieren. Wir wollen exemplarisch den Fall betrachten, in dem eine Gesellschaft nur über eine einzige erneuerbare Ressource verfügt.[10] Wenn es

---

8   Diese Formulierung ist analog zu Rawls' Formulierung des Unterschiedsprinzips; vgl. Rawls (1971, 83).

9   Vgl. dazu Arrow (1973), Solow (1974), Birnbacher (1977), Grout (1977) und insbesondere die Monographie von Buchholz (1984).

10 Der Fall nicht-erneuerbarer Ressourcen ist theoretisch und empirisch der interessantere Fall. Hier geht es aber zunächst nur darum, charakteristische Merkmale leximin-gerechter Verteilung von Wahlmöglichkeiten im intertemporalen Kontext zu erläutern.

keinen technologischen Wandel gibt, dann ist die Menge der
Wahlmöglichkeiten durch den Ressourcenzugang gegeben. Eine
für jede Generation gleiche Ressourcenentnahme bedeutet dann
eine leximin-gerechte Verteilung der Wahlmöglichkeiten. Bei
unendlich vielen Generationen entsprechen die Ressourcenzugangsrechte dem *maximum sustainable yield* der Ressource.[11] Inter-
essanter ist der Fall technischen Fortschritts. Nehmen wir an, daß
im Zeitablauf neue Technologien entstehen, die es ermöglichen,
aus einer gegebenen Menge der Ressource mehr oder vielfältigere
Konsumgüter zu erzeugen. Wenn die neuen Technologien an spätere Generationen weitergegeben werden, dann werden die
Wahlmöglichkeiten bei konstantem Ressourceneinsatz im Zeitablauf wachsen. Die erste Generation verfügt über die am wenigsten
entwickelte Technologie und ist bei gleichmäßiger Ressourcennutzung in bezug auf ihre Wahlmöglichkeiten am schlechtesten
gestellt. Der Ressourcennutzungspfad, der sich aus dem Leximin-
Prinzip ergibt, wird daher zugunsten der ersten Generation angepaßt. Der ersten Generation wird eine Ressourcennutzung zuge-
standen, die den *maximum sustainable yield* der Ressource über-
steigt. Dies bedeutet, daß keine Nachhaltigkeit bezüglich der Ressource besteht, wohl aber bezüglich der Wahlfreiheit. Anders
formuliert kann man sagen, daß eine Generation den Ressourcenbestand vermindern darf, wenn der damit verbundene Verlust an
Wahlmöglichkeiten durch Innovationen kompensiert wird.

Bei der Betrachtung des einfachen Falles, daß die Gesellschaft
nur eine einzige Ressource nutzt, können die Resultate der traditionellen wohlfahrtsorientierten Ressourcenökonomik leicht
übertragen werden, da alle Wahlmöglichkeiten – ebenso wie alle
Wohlfahrt – allein aus dieser Ressource generiert werden. Eine
Gleichverteilung der Ressource impliziert dann eine Gleichvertei-

---

11 Wenn es Kosten der Ressourcenentnahme gibt, wird das Optimum der
   Entnahme allerdings darunter liegen.

lung der Wahlmöglichkeiten. Betrachten wir die Möglichkeit von Änderungen in der Technologie, dann bedarf diese Aussage einer Modifikation. Es ergibt sich folgendes: Den Stand der Technologie kann man als einen Kapitalstock auffassen, der aus Maschinenkapital, Humankapital usw. besteht und den wir mit K_M bezeichnen. Bei einem Ressourcenverbrauch, der größer ist als der *maximum sustainable yield*, ergibt sich ein Verlust an Naturkapital K_N, der kompensiert werden muß, so daß die Summe $K_M + K_N$ zumindest konstant bleibt. Bei dieser Formulierung ist zu beachten, daß sich die Bewertung des Kapitelstocks aus seinem Beitrag zur Wahlfreiheit ergibt. Der Kapitalbegriff ist nicht unabhängig von der Wertbasis; jede Messung des Kapitalstocks muß auf die Wertbasis rekurrieren. Daß der Gesamtkapitalstock konstant bleibt, heißt nichts anderes, als daß er eine gleichbleibende Wahlfreiheit gewährleisten kann. Unter dieser Interpretation des Kapitalbegriffs behalten die grundlegenden Resultate der Ressourcenökonomik, wie etwa die Hartwick-Regel, ihre Gültigkeit. Gemäß der Hartwick-Regel kann bei hinreichender Substituierbarkeit von K_N durch K_M ein nachhaltiger Konsumpfad auch bei nicht-erneuerbaren Ressourcen erreicht werden, wenn die Renten aus dem Ressourcenabbau investiert werden.[12] Die Hartwick-Regel kann auf das Konzept der Wahlfreiheit bezogen werden, wenn K_N und K_M entsprechend gemessen werden. Es ergibt sich ein leximin-gerechter Pfad.

Bei der Anwendung des Leximin-Prinzips sind zwei verschiedene Varianten denkbar. Erstens kann man eine risikoaverse Position beziehen. Die Ressourcenzuteilung an die gegenwärtige Generation folgt einem Vorsichtsprinzip. Ihr wird nur der *maximum sustainable yield* des aggregierten Kapitalstocks bei gegenwärtiger Bewertung zugeteilt. An den Innovationen, die die folgenden

---

12 Vgl. Hartwick (1977) und (1978), Buchholz (1980) und (1984, 71 ff) sowie Hartwick/Olewiler (1986, 161 ff).

Generationen hervorbringen, werden die Gegenwärtigen nicht
mehr beteiligt. In dieser Variante des Leximin-Prinzips führen
Innovationen im Zeitablauf zu einer Erweiterung der Wahlmöglichkeiten. In der zweiten Variante des Leximin-Prinzips werden
die erwarteten zukünftigen Innovationen bei der Zuteilung des
Ressourcenzugangs berücksichtigt. Den Gegenwärtigen wird ein
bevorzugter Zugang zu den Ressourcen eingeräumt. Einer größeren Knappheit, d.h. geringeren Wahlmöglichkeiten können die
Zukünftigen dann auf Grund späterer Innovationen entgehen.
Diese Variante könnte man als risikoneutrales Leximin-Prinzip
bezeichnen. Nach dem risikoneutralen Leximin-Prinzip wäre es,
um ein Beispiel zu geben, erlaubt, die fossilen Brennstoffe zu ver-
feuern, wenn wir erwarten dürfen, daß eine Backstop-Technologie
der Energieversorgung gefunden wird und andere – in ihrer Art
bisher ganz unbekannte – Innovationen die mögliche CO_2-beding-
te Klimakatastrophe verhindern, so daß für die Zukünftigen
gleich gute Wahlmöglichkeiten erhalten bleiben. In der vorsichti-
gen Variante des Leximin-Prinzips erfolgt die Ressourcenzuteilung gemäß der bereits realisierten Innovationen. Der Verbrauch
fossiler Brennstoffe wäre dann ausgeschlossen, wenn Klimaeffekte
der Verbrennung bei unserem Stand der Technologie die Wahlfreiheit der Zukünftigen verringern. Die vorsichtige Variante mag
etwas zu pessimistisch sein, da sie implizit annimmt, es gebe in der
Zukunft keine weiteren technischen Fortschritte. Das risikoneutrale Leximin-Prinzip ist dagegen zwei Einwänden ausgesetzt.
Erstens werden die Risiken nicht von uns, sondern von den Zukünftigen getragen, d.h. die Risiken werden externalisiert. Zweitens ist technologischer Wandel kaum prognostizierbar. In bezug
auf zukünftig verfügbare Technologien herrscht genuine Ungewißheit – eine Ungewißheit, die nicht mit einfachen Risikoanaly-
sen beschreibbar ist.[13] Bei der Zuteilung der Ressourcenrechte

---

13 Vgl. dazu Abschnitt 9.2.

sollte als Vorsichtsprinzip gelten, daß nur realisierte Innovationen berücksichtigt werden, ebenso wie man in der Buchführung nur realisierte Gewinne verbucht.[14]

Es ist nun noch der zweite Fall zu betrachten, in dem die intragenerationelle Verteilung der Wahlfreiheit ungleich ist. Das Leximin-Prinzip ist dann auf die Wahlfreiheit der einzelnen Individuen anzuwenden, und zwar unabhängig davon, zu welcher Generation ein Individuum gehört. Damit verbunden ist die politische Frage, welcher Ressourceneinsatz zur Verbesserung der Chancen der Benachteiligten der gegenwärtigen Generation legitimiert ist, wenn er die Chancen der Zukünftigen beeinträchtigt. Eine Erhöhung des Lebensstandards in Entwicklungsländern – ein Schritt hin zu einer intragenerationell leximin-gerechten Verteilung – könnte die Wahlfreiheit der Zukünftigen beeinträchtigen. Dieser Konflikt spielt in der Diskussion um Konzept und Politik einer nachhaltigen Entwicklung eine zentrale Rolle. Wenn die Lebensbedingungen der Menschen in Entwicklungsländern verbessert werden sollen, aber nicht auf Kosten zukünftiger Generationen, dann scheint eine Umverteilung der Ressourcennutzungsrechte zwischen Armen und Reichen der gegenwärtigen Generation unvermeidlich; mit der Folge, daß insbesondere die westlichen Industrienationen ihre Inanspruchnahme der globalen Ressourcen drosseln müssen. In der Definition des Konzepts der nachhaltigen Entwicklung durch die World Commission on Environment and Development (1987, 43) wird dieser Konflikt angesprochen. Dort heißt es:

---

14 Die vorsichtige Variante des Leximin-Prinzips läßt Raum für im Zeitablauf wachsende Wahlmöglichkeiten, während das risikoneutrale Leximin-Prinzip für den Fall einer korrekten Prognose der Rate des technischen Fortschritts mit stagnierenden Wahlmöglichkeiten verbunden ist. Letzteres hat Rawls (1971) dazu veranlaßt, das Unterschiedsprinzip nicht auf die Frage der intergenerationellen Gerechtigkeit anzuwenden. Vgl. dazu Weikard (1998b).

"Sustainable development is the development that meets the
needs of the present without compromising the ability of
future generations to meet their own needs".

Das intergenerationelle Leximin-Prinzip ist eine Präzisierung der
in dieser Formulierung angesprochenen Verteilungsregel. Allerdings wird es in der hier entwickelten Theorie intergenerationeller Gerechtigkeit nicht auf ein Bedarfskonzept, sondern auf Wahlfreiheit bzw. die damit verbundenen Ressourcenzugangsrechte
bezogen. Das intra- und intergenerationelle Gerechtigkeitspro-
blem wird hier in einem einheitlichen Rahmen betrachtet. Die
Ressourcenzuteilung soll so erfolgen, daß eine inter- und intragenerationell leximin-gerechte Verteilung der Wahlmöglichkeiten
erreicht wird. Durch Institutionen wie das Erbrecht und die Erb-
schaftsteuer nimmt die gegenwärtige Generation Einfluß auf die
Verteilung der Wahlmöglichkeiten innerhalb der nächsten Generation. Das Leximin-Prinzip muß daher auf alle Individuen bezogen werden, unabhängig davon zu welcher Generation sie gehören. Vererbung determiniert allerdings die Verteilung innerhalb
der nächsten Generation nicht vollständig. Die nächste Generation besitzt ihrerseits Möglichkeiten der Umverteilung. Daher
können aus informationellen und pragmatischen Gründen die
Ressourcenzugangsrechte der Zukünftigen nicht für einzelne
Individuen festgelegt werden. Vielmehr wird ein Teil der Ressourcen, die den Zukünftigen vorbehalten sind, als Ganzes weitergegeben und die entsprechenden Nutzungsrechte werden erst
später zugeteilt. Daraus resultierende spätere intragenerationelle
Ungleichverteilungen können bzw. müssen unberücksichtigt
bleiben, sofern die Zukünftigen selbst und nicht wir diese Verteilungen bestimmen.

Betrachten wir eine Modellgesellschaft mit zwei Generationen
und je zwei Individuen und nehmen wir an, der Wert der Wahlmöglichkeiten sei linear in der Ressourcenverfügung. Matrix (A)

gibt eine mögliche Ressourcenverteilung an, die zwar intergenerationell leximin-gerecht – beiden Generationen steht die gleiche
Ressourcenmenge zur Verfügung –, aber intragenerationell ungerecht ist. Da das Leximin-Prinzip streng genommen auf die Individuen zu beziehen ist, ist die Situation in Matrix (B) der Situation
in Matrix (A) vorzuziehen. Das schlechtestgestellte Individuum in
(B) erreicht eine bessere Ausstattung als in (A). Dabei ist die in
Matrix (B) beschriebene Situation auch intergenerationell ungerecht. Wenn es nun für die erste Generation keine Möglichkeit
gibt, die Verteilung in der zweiten Generation zu beeinflussen,
und ein intergenerationeller Transfer den Benachteiligten der
nächsten Generation gar nicht hilft, dann kann von der ersten
Generation nur verlangt werden, was die intergenerationelle
Gerechtigkeit verlangt. Eine intragenerationelle Umverteilung in
der zweiten Generation, etwa ein Übergang von Matrix (A) zu
Matrix (C), wäre der intergenerationellen Umverteilung, dem
Übergang von (A) zu (B), vorzuziehen. Gemäß dem Leximin-
Prinzip wird Situation (C) nämlich auch der Situation (B)
vorgezogen.

(A)		Generationen	
		t_1	t_2
Individuen	1	5	8
	2	5	2

(B)		Generationen	
		t_1	t_2
Individuen	1	4	8
	2	4	4

(C)		Generationen	
		t_1	t_2
Individuen	1	5	6
	2	5	4

Wenn intra- und intergenerationelle Verteilung unabhängig voneinander sind, dann kann das Leximin-Prinzip separiert werden. Der Ressourcenzugang, der einer Generation gewährt werden sollte, ist dann unabhängig von intragenerationellen Verteilungsfragen. Wenn allerdings intergenerationeller Ressourcentransfer und intragenerationelle Verteilung nicht unabhängig sind, wie bei einem Transfer zwischen den Generationen auf dem Wege der Vererbung, dann müssen wir in manchen Fällen intergenerationelle Ungleichheit in Kauf nehmen, um intragenerationelle Ungleichheiten auszugleichen.

Im allgemeinen ist es aber – besonders wenn wir längere Zeitabstände betrachten – den früheren Generationen unmöglich, auf die späteren intragenerationellen Ungerechtigkeiten Einfluß zu nehmen. Für viele Fragestellungen der Ressourcenökonomik kann man sich daher auf die Betrachtung der intergenerationellen Verteilung beschränken.

Diesen Überlegungen kann noch eine Bemerkung zu den Informationserfordernissen einer Theorie der Ressourcenzuteilung beigefügt werden. Zwar können wir davon ausgehen, daß die Grundbedürfnisse der Zukünftigen den unseren ähnlich sind, bezüglich der zukünftigen Präferenzen, die über den Grundbedarf hinaus gehen, besteht jedoch eine größere Unsicherheit. Nach der utilitaristischen Ressourcenökonomik muß die gegenwärtige Generation das hinterlassene Gesamtkapital (Ressourcen und Technologie) so gestalten, daß die Summe ihrer eigenen und der erwarteten Wohlfahrt der Zukünftigen maximiert wird. Dabei ist es nicht ausgeschlossen, daß der Kapitalstock einseitig gestaltet wird. Die Zukünftigen tragen das Risiko einer Fehleinschätzung ihrer Präferenzen durch die älteren Generationen.[15] Eine wahlfreiheits-

---

15 Bei vielen Projekten der 70er und 80er Jahre sind die zukünftigen Präferenzen für Umweltgüter falsch eingeschätzt worden. Als Folge davon

orientierte Ressourcenökonomik ist dagegen fehlerfreundlich und informationell weniger anspruchsvoll. Es genügt, den Bereich möglicher Präferenzen abzugrenzen. Die Struktur des Kapitalstocks sollte dann vielfältige Wahlmöglichkeiten für die Zukünftigen offenhalten. Talbot Page (1982, 53 f) formuliert es so:

"As future opportunity is more in our control than future utility, it would seem that opportunity is a more sensible object of intergenerational justice. With some effort we can control the form of the heritage to be passed on to the next generation. It is beyond the control of the present generation to ensure that the next one will be happy or hardworking. It is beyond our control to increase their welfare; we can only assure them of certain opportunities for happiness that we foresee will be essential."

Fassen wir zusammen: Die Mitglieder zukünftiger Generationen haben ein Recht auf gleich gute Wahlmöglichkeiten wie die Gegenwärtigen. Eine gerechte Zuteilung der Verfügungsrechte setzt daher eine Bewertung der Wahlmöglichkeiten voraus. Diese muß sich an den Bedürfnissen und Wünschen der zukünftig Lebenden orientieren. Die Zuweisung von Rechten kann nicht unabhängig davon sein, welche Bedeutung diese Rechte für die jeweiligen Individuen haben. Da wir die Präferenzen der Zukünftigen nur ungenügend kennen, ist die Bewertung der Wahlmöglichkeiten stets mit einer Unsicherheit verbunden. Allerdings ist es plausibel anzunehmen, daß die Grundbedürfnisse der Zukünftigen kaum von den unseren abweichen werden. Die Ressourcenbasis, die wir hinterlassen, sollte den Zukünftigen daher zumindest die Möglichkeit geben, ihren Grundbedarf zu decken. Hierin deckt sich eine wahlfreiheitsorientierte mit einer wohlfahrtsorientierten

---

werden heute Straßen zurückgebaut, begradigte Flüsse in ihr altes Bett zurückverlegt, Moore renaturiert usw.

Ressourcenökonomik. Wenn die Ressourcenbasis nur gerade ein Überleben garantieren kann, bleibt kein Raum für eine Freiheit der Wahl und es gibt keinen Grund das Wohlfahrtskonzept als Wertbasis aufzugeben. Wenn wir eine Situation moderater Knappheit betrachten, wenn es Raum für Freiheit und Autonomie gibt, dann muß dem Wert der Freiheit, eine eigene Wahl treffen zu können, Rechnung getragen werden. Genau dies soll und muß das Konzept der Wahlfreiheit gewährleisten.

8. Wahlfreiheit: Begriff, Probleme und eine Anwendung

Zukunftsverantwortung besteht darin, den zukünftigen Generationen zumindest ebenso gute Wahlmöglichkeiten zu hinterlassen, wie wir selbst sie haben. Um diese Theorie der Zukunftsverantwortung zu operationalisieren, müssen Wahlmöglichkeiten bewertet werden und in den drei Dimensionen – der interpersonellen, der zeitlichen und der Risikodimension – vergleichbar sein. Wie der einzelne Entscheider Wahlmöglichkeiten bewerten kann, wird in den folgenden drei Abschnitten (8.1-8.3) diskutiert. Die Aggregation in den drei Dimensionen wird in Kapitel 9 behandelt.

Ein wichtiger Beitrag zur Wahlfreiheit für zukünftige Generationen ist, die Vielfalt der Natur zu erhalten. In Abschnitt 8.4 wird daher als eine spezielle Anwendung des Wahlfreiheitskonzepts ein Ansatz zur Bewertung von Biodiversität vorgestellt.

8.1 Intrinsischer und instrumenteller Wert der Wahlfreiheit

Der Wert einer Menge von Wahlmöglichkeiten wird mit dem Begriff der Wahlfreiheit beschrieben. Bei der individuellen Bewertung zweier Mengen von Wahlmöglichkeiten braucht die Menge, die die bessere Alternative enthält, nicht unbedingt wertvoller zu sein, wenn die andere Menge eine größere Auswahl bietet. Allerdings muß auch eine zahlenmäßig größere Menge von Wahlmöglichkeiten nicht mehr Wahlfreiheit bieten als eine kleinere Menge. Beispielsweise könnte die Auswahl eines Getränks aus der Menge {*Tee, Wodka*} wegen der Verschiedenheit der Alternativen eine größere Wahlfreiheit bieten als die Auswahl aus der Menge {*Korn, Rum, Wodka*}.

Zur genaueren Betrachtung der Bewertung von Wahlmöglichkeiten muß zunächst einige Notation eingeführt werden. Wir

bezeichnen die Menge aller wählbaren Alternativen mit X. Einzelne Alternativen werden mit $x, y, z, ...$ bezeichnet. R bezeichnet
eine Präferenzrelation über X, d.h. "xRy" bedeutet "x ist mindestens ebenso gut wie y". Die strikte Präferenzrelation wird mit P
und die Indifferenzrelation wird mit I bezeichnet. Sie sind wie
üblich definiert:

$$xPy \Leftrightarrow (xRy \text{ und nicht } yRx),$$

$$xIy \Leftrightarrow (xRy \text{ und } yRx).$$

Wahlmöglichkeiten sind Mengen von Alternativen oder auch
Auswahlmengen, die mit A, B bezeichnet werden sollen. Dabei
gilt $A, B \subseteq X$. Wahlmöglichkeiten zu bewerten, bedeutet daher,
eine Ordnung über der Menge aller nicht-leeren Teilmengen von
X, die wir mit Ω bezeichnen, zu bestimmen. Diese Ordnung ist
die Wahlfreiheitsrelation R.[1] "ARB" ist zu lesen als "die Alternativenmenge A bietet mindestens ebenso gute Wahlmöglichkeiten
wie die Alternativenmenge B". Mit Hilfe von R lassen sich die
Relationen "bietet bessere Wahlmöglichkeiten", P, und "bietet
gleich gute Wahlmöglichkeiten", I, analog zu P und I definieren.
    Das Problem, den Begriff der Wahlfreiheit zu bestimmen,
kann nun präzisiert werden: Es sollen notwendige und hinreichende Bedingungen, die eine (erweiterte) Ordnung R erfüllen
soll, formuliert werden. D.h. wir suchen nach einer axiomatischen
Charakterisierung der Wahlfreiheitsrelation. Dabei müssen gemäß
einer von Sen (1988) eingeführten Unterscheidung zwei verschiedene Wertdimensionen erfaßt werden. Zunächst besitzen Wahlmöglichkeiten in einer unsicheren Welt instrumentellen Wert.
Eine größere Alternativenmenge verbessert die Chance, daß eine

---

1   R wird als eine erweiterte Ordnung bezeichnet, wenn gilt: $xRy \Rightarrow$
    $\{x\}R\{y\}$.

gute Alternative zur Wahl steht. Der instrumentelle Wert von Wahlmöglichkeiten ergibt sich als Erwartungsnutzen einer Auswahl aus einer Alternativenmenge.

Ein Leben, in dem zwar aufs beste für das Wohlbefinden gesorgt ist, in dem aber bereits alles fertig eingerichtet ist, in dem es nichts zu entscheiden und zu wählen gibt, erscheint uns nicht erstrebenswert, denn es fehlt die Freiheit. Daher besitzen Auswahlmengen außer dem instrumentellen Wert auch einen intrinsischen Wert, der unabhängig von dem Nutzen der gewählten Alternative ist. Der intrinsische Wert ist der Wert, überhaupt eine Wahl treffen zu können. Der intrinsische Wert der Wahlfreiheit ist eine für autonome Entscheider relevante Größe.[2]

Beide Werte, der instrumentelle und der intrinsische Wert, sollen nun ausführlicher erläutert werden.

Wir betrachten zunächst den instrumentellen Wert der Wahlfreiheit. In einer Welt ohne Unsicherheit werden Alternativenmengen nach ihrem besten Element bewertet. Da nur eine Alternative gewählt werden kann, ist jede Menge von Alternativen gerade so gut wie ihr bestes Element. Damit ergibt sich die erweiterte Ordnung unmittelbar aus der Präferenzordnung. Der relevante und interessantere Fall ist eine Welt der Unsicherheit. Unsicherheit kann die Bewertung oder die Verfügbarkeit einzelner Alternativen betreffen. Den Fall unsicherer zukünftiger Bewertung diskutiert Kreps (1979) an folgendem Beispiel einer zweistufigen Entscheidung. Jemand möchte am Abend essen gehen und reserviert einen Tisch in einem Restaurant. Weil er jetzt noch nicht weiß, auf was er am Abend Appetit haben wird, wählt er ein Restaurant mit vielfältigem Angebot. Die Unsicherheit der Präferenzen gibt hier der Auswahlmenge ihren Wert. Ein anderes Beispiel ist die Bewertung von Investitionsalternativen, wenn die

---

2 Ein prägnantes Beispiel für den Wert der Autonomie präsentiert Nozick (1974, 42 ff).

zukünftigen Preise unsicher sind. Eine Investition in eine bestimmte Technologie legt die Produktpalette fest. Die Unsicherheit der Produktpreise begünstigt Investitionen, die eine breitere Produktpalette ermöglichen. Größere Auswahlmengen begrenzen Risiken.[3] Die Bewertung von Auswahlmengen kann in diesen Fällen mittels der Erwartungsnutzentheorie erfolgen, wenn man den möglichen Präferenzen bzw. den Preisen Wahrscheinlichkeiten zuschreiben kann.

Eine Ordnung über Mengen von Alternativen ist auch bei Unsicherheit der Verfügbarkeit der Alternativen von Belang. Ein spezieller Fall dieser Art ist, wenn die am Ende verwirklichte Alternative nicht durch freie Auswahl, sondern zufällig bestimmt wird. Für diesen Fall hat Gärdenfors (1976) eine Bedingung formuliert, die eine erweiterte Ordnung erfüllen sollte.

Gärdenfors Prinzip: Für alle $A \in \Omega$ und alle $x \in X \setminus A$,

$[xR \max(A) \Rightarrow A \cup \{x\}RA]$ und $[\min(A)Rx \Rightarrow ARA \cup \{x\}]$.

Wird A um eine Alternative erweitert, die besser ist als alle bisherigen, dann verbessert sich die Alternativenmenge. Wird A jedoch um eine Alternative erweitert, die schlechter ist als alle bisherigen, dann bedeutet dies eine Verschlechterung der Alternativenmenge, da die Möglichkeit eines schlechteren Resultats nicht ausgeschlossen werden kann.

In einem der ersten Beiträge, die sich mit erweiterten Ordnungen befassen, haben Kannai und Peleg (1984) gezeigt, daß das Gärdenfors-Prinzip mit einer recht milden Unabhängigkeitsbedingung inkompatibel ist.[4] Die Suche nach Axiomen zur

---

3   Vgl. Dixit/Pindyck (1994) für eine ausführliche Diskussion der Bewertung realer Optionen.

4   Kannai/Peleg (1984, 174) nennen diese Bedingung "*monotonicity*". Sie besagt, daß durch Hinzunahme des selben zusätzlichen Elements zu

Charakterisierung erweiterter Ordnungen scheint daher zunächst mit einem Unmöglichkeitsresultat zu enden. Ähnlich wie bei Arrows Unmöglichkeitstheorem hat das Resultat von Kannai und Peleg aber eine fruchtbare Diskussion ausgelöst, in der mit anderen (schwächeren) Annahmen Möglichkeitsresultate erzielt wurden.[5] Barberá und Pattanaik (1984) haben dabei insbesondere gezeigt wie "very similar looking sets of axioms may lie on opposite sides of the possibility–impossibility frontier" (185 f). Daraus ziehen sie die Schlußfolgerung "that without a specific intuitive interpretation it is practically impossible to discuss questions about the acceptability of axioms [...]" (189).

Das Konzept der Wahlfreiheit ist eine solche, im Zitat angesprochene spezifische Interpretation. Das Gärdenfors Prinzip ist bei einer Auswahl des Entscheiders – anders als bei einer Zufallsauswahl – aus der Alternativenmenge nicht akzeptabel. Im Kontext von Wahlfreiheit müssen andere Axiome gefunden werden, die insbesondere auch dem intrinsischen Wert der Wahlfreiheit Rechnung tragen.

Im Anschluß an Überlegungen von Sen (1988) formulieren Pattanaik und Xu (1990) drei Axiome für eine Ordnung über Alternativenmengen, um das Konzept der Wahlfreiheit zu präzisieren:

Indifference between No-choice Situations (INS): Für alle x, y $\in X$, $\{x\}I\{y\}$.

Simple Strict Monotonicity (SSM): Für alle $x, y \in X$, und $(x \neq y)$, $\{x, y\}P\{y\}$.

---

jeder von zwei Alternativenmengen die Rangordnung der Alternativenmengen nicht vertauscht wird.

5   Vgl. Fishburn (1984), Heiner/Packard (1984), Holzman (1984), Pattanaik/Peleg (1984) und Bossert (1989).

Independence (IND): Für alle A, $B \in \Omega$ und für alle $x \in X \setminus (A \cup B)$,
$[ARB \Leftrightarrow A \cup \{x\} RB \cup \{x\}]$.

Axiom (INS) besagt, daß ein-elementige Auswahlmengen eine
gleiche Wahlfreiheit bieten. Gemäß (SSM) wird die Wahlfreiheit
(strikt) vergrößert, wenn zur Alternative y eine weitere Alternative x, die von y verschieden ist, hinzukommt. (IND) besagt, daß
die Rangfolge zweier Auswahlmengen in bezug auf Wahlfreiheit
unverändert bleibt, wenn zu beiden Mengen die gleiche neue
Alternative hinzukommt.

Pattanaik and Xu (1990) zeigen, daß diese drei Axiome eine
eindeutige (schwache) Ordnung über Ω charakterisieren. Diese
Ordnung basiert auf der Kardinalität der Auswahlmenge. Sie wird
mit $R^{\#}$ bezeichnet und ist wie folgt definiert:

DEFINITION 8.1: Für alle A, $B \in \Omega$, $AR^{\#}B \Leftrightarrow |A| \geq |B|$.

Dabei bezeichnet $|A|$ die Kardinalität der Auswahlmenge A, d.h.
die Zahl der Alternativen in A.

Zwei besondere Eigenschaften von Pattanaik und Xus Charakterisierung der Wahlfreiheit müssen hervorgehoben werden.
Insofern die Axiome tatsächlich den Wert der Wahlfreiheit begrifflich einfangen, ist der Wert der Wahlfreiheit allein ein intrinsischer Wert. Axiom (INS) läßt keinen Raum für einen instrumentellen Wert. Der Wert der Wahlfreiheit berücksichtigt den
Nutzen der Endzustände nicht. $\{x\}$ und $\{y\}$ bieten die gleiche
Wahlfreiheit unabhängig von den Präferenzen, die ein Entscheider
in bezug auf x und y haben mag. Die intuitive Idee dieses Axioms
ist einfach: Bei ein-elementigen Mengen kann keine Wahl getroffen werden. Sie bieten keine – und daher gleiche – Wahlfreiheit.

Die zweite hervorzuhebende Eigenschaft des Wahlfreiheitsbegriffs von Pattanaik und Xu betrifft Axiom (IND). Nach (IND)
bleibt die Rangfolge zweier Auswahlmengen bei einer Erweiterung durch eine gleiche Alternative erhalten. Diese auf den ersten

Blick plausible Bedingung ist Ursache einer Schwierigkeit. Bei genauerer Betrachtung verliert (IND) seine Plausibilität. Pattanaik und Xu (1990) diskutieren das Problem an einem Beispiel. Wir betrachten zwei Auswahlmengen von Transportmöglichkeiten: $A = \{rotes\ Auto\}$ und $B = \{Bahn\}$. Gemäß Axiom (INS) bieten A und B gleiche Wahlfreiheit. Wird nun zusätzlich zu A (respektive zu B) ein Transport in einem blauen Auto möglich, dann ergeben sich die Auswahlmengen $A' = \{rotes\ Auto,\ blaues\ Auto\}$ and $B' = \{Bahn,\ blaues\ Auto\}$. Gemäß (IND) müssen wir schließen, daß A' und B' gleiche Wahlfreiheit bieten. Intuitiv ist aber klar, daß B' eine größere Wahlfreiheit bietet, da die Alternativen in A' in wesentlichen Merkmalen gleich sind. Axiom (IND) schließt aus, daß der Grad der Verschiedenheit (die Diversität) der Alternativen Berücksichtigung finden kann. Allein die numerische Verschiedenheit der Alternativen zählt.[6]

Die beiden soeben diskutierten Eigenschaften des Wahlfreiheitskonzepts von Pattanaik und Xu bieten Anlaß zu Kritik, Gegenvorschlägen und zu einer Überarbeitung des Konzepts. Es stellen sich zwei Aufgaben. Erstens sollte sowohl der instrumentelle als auch der intrinsische Wert der Wahlfreiheit erfaßt werden. Zweitens muß die Vielfalt (Diversität) der Wahlmöglichkeiten berücksichtigt werden. Letzteres wird in Abschnitt 8.2 wieder aufgegriffen. Hier wird zunächst das Problem diskutiert, wie instrumentelle Werte in das Konzept von Pattanaik und Xu integriert werden können.

Der instrumentelle Wert der Wahlfreiheit liegt in der Wertschätzung für die letztlich gewählte Alternative. Daher müssen die Präferenzen über der Alternativenmenge X Berücksichtigung fin-

---

6 Vgl. auch Sen (1991), Klemisch-Ahlert (1993), Puppe (1995) und Bavetta/del Seta (1997).

den. Wir können nun zunächst eine Funktion $\alpha: X \to \mathbb{R}_0^+$ definieren, die die Präferenzen eines Entscheiders repräsentiert,[7] d.h.

für alle $x, y \in X$, $[\alpha(x) \geq \alpha(y) \Leftrightarrow xRy]$.

$\alpha(x)$ kann als ein Gewichtungsfaktor der Alternative x aufgefaßt werden. Klemisch-Ahlert (1993) schlägt vor, (INS) durch das folgende Axiom zu ersetzen:

Simple Dominance (SD): Für alle $x, y \in X$,
$\{x\} R \{y\} \Leftrightarrow \alpha(x) \geq \alpha(y)$.

(SD) ist eine Generalisierung von (INS).[8]

Klemisch-Ahlert (1993) zeigt, daß es für jede Funktion $\alpha(\cdot)$ eine einfach konstruierte Ordnung R^α gibt, die die Axiome *Simple Dominance* (SD), *Simple Strict Monotonicity* (SSM) und *Independence* (IND) erfüllt. R^α ordnet die Auswahlmengen nach der Summe der Nutzen der darin enthaltenen Alternativen und ist wie folgt definiert:[9]

DEFINITION 8.2: Für alle $A, B \in \Omega$, $A R^\alpha B \Leftrightarrow$
$$\sum_{x \in A} \alpha(x) \geq \sum_{x \in B} \alpha(x).$$

Die erweiterte Ordnung R^α berücksichtigt sowohl die Größe der Auswahlmenge (den intrinsischen Wert) als auch den Nutzen der wählbaren Alternativen (den instrumentellen Wert). Allerdings ist der intrinsische Wert nicht adäquat erfaßt, da die Vielfalt der Alternativen noch immer unberücksichtigt bleibt.

---

7 α ist daher eine Nutzenfunktion.

8 Wenn für alle $x, y \in X$ gilt, daß $\alpha(x) = \alpha(y)$, ist (SD) äquivalent zu (INS). Im allgemeinen sind (SD) und (INS) allerdings inkompatibel. Vgl. auch Bossert/Pattanaik/Xu (1994).

9 R^α ist allerdings nicht die einzige Ordnung, die (SD), (SSM) und (IND) erfüllt; vgl. Klemisch-Ahlert (1993, 193).

8.2 Ein formales Konzept der Vielfalt

Wenn man die Vielfalt oder Diversität einer Auswahlmenge beschreiben oder messen will, müssen die einzelnen Alternativen durch n (quantifizierbare) Merkmale beschreibbar sein. Die folgenden Überlegungen basieren auf der Annahme, daß die einzelnen Alternativen in einem n-dimensionalen Eigenschaftsraum lokalisiert werden können.[10] Daher ist $X \subset \mathbb{R}^n$. Entscheidend ist, daß wir den Abstand von je zwei Alternativen in diesem Raum bestimmen können und daß dieser Abstand als ein Maß für die Verschiedenheit der Alternativen dienen kann. Ein Abstandsmaß ist eine Funktion $d:X \times X \to \mathbb{R}_0^+$, für die gilt:

Für alle $x \in X$, $d(x, x) = 0$;
und für alle $x, y \in X$ mit $x \neq y$, $d(x,y) = d(y, x) > 0$;
und für alle $x, y, z \in X$, $d(x, y) \leq d(x, z) + d(z, y)$.

Das Diversitätsmaß, das im folgenden im Kontext des Wahlfreiheitsbegriffs entwickelt wird, beruht auf einer Arbeit von Weitzman (1992), der ein Maß für Biodiversität entwickelt. Wie Weitzman (1992) selbst feststellt, ist das von ihm entwickelte Maß jedoch von allgemeinerer Bedeutung und kann in andere Anwendungsbereiche übertragen werden. Weitzmans Arbeit ist jedoch bisher in der Social-Choice-Theorie (noch) nicht zur Kenntnis genommen worden. Zunächst wird nun Weitzmans Diversitätsmaß vorgestellt; danach wird ein verbessertes Maß entwickelt, das sich jedoch eng an Weitzmans ursprüngliche Idee anschließt.

Wir bezeichnen das Diversitätsmaß einer Alternativenmenge A mit $D(A)$. Die grundlegende Intuition zur Konstruktion eines Diversitätsmaßes ist die folgende: Wird die Menge A um eine Alternative $x \notin A$ erweitert, dann nimmt das Diversitätsmaß zu,

---

10 Lancaster (1966) hat diese Eigenschaftsräume im Kontext der Nachfrageanalyse in die Literatur eingeführt.

und zwar in Abhängigkeit davon, wie verschieden x von A ist.[11]
Bezeichnen wir den Grad der Verschiedenheit einer Alternative x
von einer Menge A mit $\delta(x, A)$, dann kann diese Intuition mit der
folgenden Definition formalisiert werden:

DEFINITION 8.3: Für alle $A \in \Omega$ und alle $x \in X \setminus A$,
$$\delta(x, A) = D(A \cup \{x\}) - D(A).$$

Die Diversitätsdifferenz zwischen A und der erweiterten Menge
$A \cup \{x\}$ soll gerade durch den Grad der Verschiedenheit der
Alternative x von der Auswahlmenge A gegeben sein. Definition
8.3 erlaubt eine rekursive Bestimmung des Diversitätsmaßes einer
beliebigen Alternativenmenge. Entscheidend ist dabei, wie die
Verschiedenheit zwischen einer Alternative und einer Menge von
Alternativen bestimmt wird. Weitzman (1992) benutzt dazu die
Standarddefinition des Abstandes d eines Punktes von einer
Menge.

DEFINITION 8.4: Für alle $A \in \Omega$ und alle $x \in X \setminus A$,
$$d(x, A) = \min_{y \in A} d(x, y).$$

Wird der Abstand d als Maß der Verschiedenheit δ gesetzt, dann
ergibt sich eine Schwierigkeit mit dem rekursiv bestimmten
Diversitätsmaß der Definition 8.3. Nehmen wir einmal an, daß
$d(x, y) < d(x, z) < d(y, z)$ und setzen wir zur Vereinfachung
$D(\{x\}) = D(\{y\}) = D(\{z\}) = 0$, dann ergibt sich gemäß der Defini-
tionen 8.3 und 8.4, daß
(i) $D(\{x, y\}) = d(x, y)$ und daher $D(\{x, y, z\}) =$
    $D(\{x, y\}) + \min\{d(x, z), d(y, z)\} = d(x, y) + d(x, z)$.
Aber es ergibt sich außerdem, daß
(ii) $D(\{x, y, z\}) = D(\{y, z\}) + \min\{d(x, y), d(x, z)\} = d(y, z) + d(x, y)$.

---

11 Vgl. Weitzman (1992, 367).

Nun ist aber $d(x, y) + d(x, z) < d(y, z) + d(x, y)$. Das Diversitätsmaß aus Berechnung (i) ist kleiner als das aus Berechnung (ii).
Solange der Rekursionspfad nicht eindeutig bestimmt ist, ist auch
das Diversitätsmaß nicht konsistent bestimmt.[12]

Um den Rekursionspfad eindeutig zu bestimmen führt
Weitzman (1992) die Bedingung ein, daß die Diversität einer um
Alternative $x \notin A$ erweiterten Menge A *mindestens* um den Abstand von x zu A zunimmt. Diese Bedingung setzt Weitzman als
ein Axiom:

Monotonie (M): Für alle $A \in \Omega$ und alle $x \in X \setminus A$,
 $D(A \cup \{x\}) \geq D(A) + d(x, A)$.

Akzeptiert man weiterhin, daß alle ein-elementigen Mengen in
bezug auf ihre Diversität gleich sind, also

(INS')[13]: Für alle $x, y \in X$, $D(\{x\}) = D(\{y\})$,

dann kann ein Diversitätsmaß D^* definiert werden, das (M) und
(INS') erfüllt:

DEFINITION 8.5: $D^*(A) = \max_{x \in A}\Big(D^*(A \setminus \{x\}) + d(x, A \setminus \{x\})\Big)$.

Weitzman (1992) zeigt, daß D^* die kleinste aus der Klasse der
Funktionen ist, die (M) und (INS') erfüllen. Wegen der rekursiven

---

12 Nur bei einer speziellen Klasse von Räumen, den sogenannten ultra-
metrischen Räumen, tritt dieses Problem der Pfadabhängigkeit nicht
auf; vgl. Weitzman (1992, 368). Ultrametrische Räume sind solche, in
denen für je drei beliebige Punkte x , y , z und deren Abstände $d(x, y)$,
 $d(x, z)$, $d(y, z)$ gilt, daß $\max\{d(x, y), d(x, z), d(y, z)\}$ nicht eindeutig
bestimmt ist, d.h. wenn $d(x, y)$ der größte Abstand ist, dann ist
mindestens einer der Abstände $d(x, z)$ und $d(y, z)$ gleich groß.

13 Diese Bedingung ist formal äquivalent zum Axiom *Indifference between
No-Choice Situations* (INS); vgl. S. 139. Daher die Wahl der Bezeichnung
(INS').

Struktur von D^* ergibt sich die Diversität einer Menge als Lösung eines dynamischen Programmierungsproblems.

Mit dem Maß D^* ist zwar ein Diversitätsmaß gefunden, es erfüllt aber, wie gezeigt, im allgemeinen nicht die Definition 8.3. Aus dem Grad der Verschiedenheit einer Alternative x und einer Menge A kann nicht auf den Diversitätsgewinn geschlossen werden, wenn man A um x erweitert. Der Grund dafür ist die Verwendung des Abstands $d(x, A)$ als Verschiedenheitsmaß δ. d nutzt nur einen geringen Teil der verfügbaren Information, da nur der Abstand von x zu dem nächsten Element in A berücksichtigt wird, während die Lage aller anderen Alternativen in A unerheblich ist. Es gibt jedoch Gründe, alle verfügbare Information zu nutzen. Abbildung 8.1 soll dies verdeutlichen.

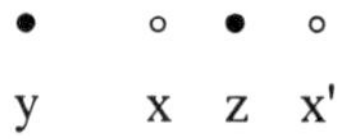

$$\bullet \quad \circ \quad \bullet \quad \circ$$
$$y \quad\; x \quad z \quad x'$$

Abbildung 8.1

Betrachten wir die Menge $A = \{y, z\}$ in Abbildung 8.1 und nehmen wir an, A soll um x oder um x' erweitert werden, wobei gilt: $d(x, A) = d(x', A)$. Soll eine größtmögliche Diversität erreicht werden, dann kann diese Entscheidung nicht auf der Basis der Abstandsfunktion d getroffen werden, sondern D^* muß mittels dynamischer Programmierung bestimmt werden. Es erscheint hingegen unmittelbar klar, daß $A \cup \{x'\}$ eine größere Diversität bietet als $A \cup \{x\}$.

Statt des Abstands d wird folgendes Maß der Verschiedenheit vorgeschlagen:

DEFINITION 8.6: $\delta^+(x, A) = \sum_{y \in A} d(x, y)$.

Dieses Maß berücksichtigt alle Abstände zwischen x und den Alternativen in A, also die gesamte verfügbare Information.

Aus dieser Definition ergibt sich in Verbindung mit Definition 8.3 ein Diversitätsmaß D^+, das sich von Weitzmans Maß D^* in zwei wesentlichen Aspekten unterscheidet. Erstens kann die rekursive Struktur in Definition 8.5 aufgelöst werden. Die Diversität von A kann unabhängig von einer Reihenfolge der Alternativen bestimmt werden. Die Diversität von A ergibt sich als Aggregat der Einzelabstände zwischen den Alternativen in A. Es gilt:

$$D^+(A) = \frac{1}{2} \sum_{x \in A} \sum_{y \in A} d(x,y).$$

Zweitens kann leicht gezeigt werden, daß D^+ die folgende Unabhängigkeitsbedingung erfüllt:

Independence of Equal Distance Additions (IEDA): Für alle $A \in \Omega$ und alle $x, y \in X \setminus A$,
$$[\delta(x, A) \geq \delta(y, A) \Leftrightarrow D(A \cup \{x\}) \geq D(A \cup \{y\})].$$

Die Intuition für diese Bedingung ist, daß eine Differenz der Diversität zwischen zwei Auswahlmengen, die sich nur in einem Element unterscheiden, einer Differenz im Grad der Verschiedenheit dieser Elemente zur identischen Restmenge entspricht. Anders gesagt: Weist eine Alternative x einen größeren Grad an Verschiedenheit zu einer Menge A auf als eine andere Alternative y, dann ist die Diversität, wenn x zu A hinzugenommen wird, größer, als wenn y zu A hinzugenommen wird.

Bedingung (IEDA) wird von Weitzmans Diversitätsmaß D^* verletzt. Da D^+ eine einfachere Struktur hat, einfacher bestimmt werden kann und überdies (IEDA) erfüllt, scheint D^+ dem Maß D^* überlegen.[14]

Darüber hinaus ist aufgrund der einfachen Struktur von D^+ leicht zu zeigen, daß D^+ superadditiv ist.

---

14 Eine axiomatische Charakterisierung von D^+ wird in Weikard (1998a) gegeben.

DEFINITION 8.7 (*Superadditivität*): Für alle A, $B \in \Omega$ und
$A \cap B = \varnothing$, $D^+(A \cup B) > D^+(A) + D^+(B)$.

Superadditivität bedeutet, daß bei der Vereinigung zweier
Auswahlmengen, die keine gemeinsamen Elemente haben, der
Diversitätswert der Vereinigungsmenge stets größer ist als die
Summe der Diversitätswerte der Ausgangsmengen. Die Diversität
einer Auswahlmenge ist stets größer als die Summe der Diversität
ihrer Teile.

Fassen wir die Ergebnisse dieses Abschnitts bis hierher kurz
zusammen: Das Diversitätsmaß D^+ erlaubt es, den intrinsischen
Wert der Wahlfreiheit begrifflich einzufangen. Allerdings wird
allein der intrinsische und nicht der instrumentelle Wert berücksichtigt. Axiom (INS') verhindert jeglichen Einfluß der Präferenzen. Das Diversitätsmaß kann daher kein Maß für Wahlfreiheit
sein. Die verbleibende Aufgabe ist nun, die instrumentelle und die
intrinsische Wertdimension zusammenzuführen.

Die instrumentelle Wertdimension ist allein auf das Endresultat bezogen. Eine der Alternativen wird schließlich gewählt, und
der Entscheider bewertet dieses Endresultat gemäß seiner Präferenzen. In bezug auf den instrumentellen Wert ist jede Auswahlmenge gerade so gut wie ihr bestes Element. Wenn es keine Unsicherheit gibt, und wenn wir von Kosten und Nutzen der Wahlhandlung selbst einmal absehen, werden von einem rationalen
Entscheider die Auswahlmengen einfach gemäß ihrer besten Elemente geordnet. Unter diesen Bedingungen ergibt sich also die
erweiterte Ordnung $R^{\max}$, die wie folgt definiert ist:

DEFINITION 8.8: $A R^{\max} B \Leftrightarrow \max(A) R \max(B)$.

Wie im folgenden Abschnitt noch ausführlicher erläutert wird,
gibt es in einer Welt vollkommener Sicherheit für einen rationalen Entscheider keinen intrinsischen Wert der Wahlfreiheit.
Autonomie, die Freiheit, so oder auch anders entscheiden zu kön-

nen, ist wertlos, wenn alles bereits vollständig beschrieben und
bewertet ist. Unsicherheit ist entscheidend, um in sinnvoller
Weise von einem intrinsischen Wert der Wahlfreiheit sprechen zu
können. Autonome Entscheider, die der Wahlfreiheit einen eigen-
ständigen Wert beimessen, kann es nur in einer Welt der Unsicherheit geben. Welche Freiräume der Entscheidung die einzelne
Person hat, wird durch die Diversität der Auswahlmenge bestimmt. Aber auch in bezug auf den instrumentellen Wert der
Wahlfreiheit ist im Fall der Unsicherheit Definition 8.8 nicht
relevant. Wir müssen vielmehr zu einer Erwartungsnutzenformu-
lierung des instrumentellen Wertes übergehen, deren genaue Form
von der Art der betrachteten Unsicherheit abhängt. Für eine erweiterte Ordnung, die nur den instrumentellen Wert berücksichtigt, R^{inst} gilt:

DEFINITION 8.9: $A R^{\text{inst}} B \Leftrightarrow EU(A) \geq EU(B)$,

wobei $EU(A)$ den Erwartungsnutzen (von-Neumann-Morgenstern-Nutzen) bezeichnet, wenn aus A gewählt werden kann.[15]
Wie kann nun eine erweiterte Ordnung gefunden werden, die
beiden – der instrumentellen und der intrinsischen – Wertdimensionen Rechnung trägt? Beide Wertdimensionen könnten in lexi-
kalischer Ordnung stehen. Wird beispielsweise der intrinsische
Wert lexikalisch vorgeordnet, dann bietet eine Menge A mehr
Wahlfreiheit, wenn sie ein größeres Diversitätsmaß aufweist. Nur
wenn zwei Mengen gleiche Diversität aufweisen, entscheidet der
Erwartungsnutzen über ihre relative Vorzüglichkeit. Entspre-
chendes gilt, wenn der instrumentelle Wert lexikalisch vorgezogen
wird. Eine lexikalische Ordnung erscheint jedoch nicht besonders
plausibel. Würde man wirklich seine Freiheiten aufgeben wollen
für ein in allem festgelegtes Leben, das aber einen etwas größeren

---

15 Vgl. Koopmans (1964), Kreps (1979) und Arrow (1995).

Glückssaldo bereithält? Oder würde man wirklich das Schlaraffen-
land aufgeben, um in der Hölle aus einer großen Vielfalt von Qua-
len auswählen zu können?

Plausibler als von einer lexikalischen Ordnung auszugehen, ist
es, *trade-offs* zwischen beiden Wertdimensionen zuzulassen. Wenn
beide Wertdimensionen unabhängig voneinander sind, ist eine
additiv separable Wertfunktion ein adäquater Ausdruck des Konzepts der Wahlfreiheit. Das Wahlfreiheitskonzept kann also wie
folgt formalisiert werden:

DEFINITION 8.10: $AR^W B \Leftrightarrow EU(A) + D^+(A) \geq EU(B) + D^+(B)$.

Die relativen Gewichte, die der instrumentelle Wert
(Erwartungsnutzen) und der intrinsische Wert (Diversität) erhalten, werden dabei implizit durch die Skalierung der Erwartungsnutzen bzw. des Diversitätsmaßes festgelegt.

Gegen die additiv separable Struktur, die dem Wahlfreiheitskonzept hier zugeschrieben wird, könnte der Einwand erhoben
werden, daß die Freiheit der Wahl wichtiger ist, wenn bessere
Alternativen zur Auswahl stehen. Nach diesem Einwand wäre
etwa die Freiheit, sich in der Hölle eine bestimmte Art der Qual
aussuchen zu können, unwichtig im Vergleich zur Möglichkeit,
zwischen verschiedenen angenehmen Optionen wählen zu können. Die additiv separable Struktur von Definition 8.10 kann aber
verteidigt werden. Das Maß der Diversität beruht auf den Abständen der Alternativen im n-dimensionalen Eigenschaftsraum. Die
einzelnen Merkmale, 1, ..., n, können aber unterschiedliche Relevanz haben. Diese unterschiedliche Relevanz wird mittels der Skalierung der einzelnen Merkmale berücksichtigt. Bei einer geeigneten Skalierung des Eigenschaftsraums kann daher additive Sepa-
rabilität als plausible Annahme gelten.

Die Wahlfreiheitsrelation R^W (Definition 8.10) ist die Wertbasis der hier vorgestellten Werttheorie. Wahlfreiheit ist das, was

eine Person wertschätzt. Es ist der Wert, auf den sich der Gleichheitsgrundsatz beziehen sollte, und es ist der Wert, auf den sich
eine normative Ressourcenökonomik gründen sollte. Später, in
Kapitel 9 betrachten wir die Aggregationsregeln für Wahlfreiheit
in der personalen, der zeitlichen und der Risikodimension.

8.3 Der Konflikt zwischen Autonomie und Sicherheit

Das hier entworfene Konzept der Wahlfreiheit soll nun zunächst
an einem einfachen Beispiel verdeutlicht werden. Zwei Auswahlmengen von Berufen R und K sollen verglichen werden. R steht
für ein Studium der Rechtswissenschaften und enthält die Berufs-
möglichkeiten Rechtsanwältin und Staatsanwältin, $R = \{r, s\}$. K
steht für ein Studium der Kulturwissenschaften und enthält die
Berufe Journalistin, Kellnerin und Lektorin, $K = \{j, k, l\}$. Nehmen
wir an K weist eine höhere Diversität auf als R (die Berufe in K
unterscheiden sich stärker in bezug auf das Arbeitsgebiet, das
realisierbare Gehalt, das soziale Umfeld am Arbeitsplatz etc.), R
bietet hingegen wegen höherem Einkommen und besserer Ar-
beitsplatzsicherheit einen höheren Erwartungsnutzen: die Präferenzen seien durch $r P s P j P l P k$ gegeben. Die Wahl zwischen R
und K wird dann davon abhängen, welches relative Gewicht
Autonomie und Erwartungsnutzen erhalten. Eine Person, die
dem Offenhalten einer Vielfalt von Möglichkeiten einen Wert
zumißt, wird sich womöglich für K entscheiden. Das Konzept der
Wahlfreiheit erlaubt dies, während nach traditioneller Auffassung
stets R gewählt werden müßte.

Die Unsicherheit der Zukunft verleiht dem Wahlfreiheitskonzept seine Relevanz.[16] Da die langfristige Perspektive, die die Ressourcenökonomik einnimmt, immer mit Unsicherheit verbunden
ist, findet das Wahlfreiheitskonzept in der Ressourcenökonomik

---

16 Vgl. auch Puppe (1995, 141).

einen wichtigen Anwendungsbereich. Könnten alle entschei-
dungsrelevanten Umstände und die Wahlhandlungen unter den
gegebenen Umständen vorausgesehen werden, dann gäbe es keinen Grund, der Vielfalt irgendeinen Wert zuzumessen. Unser
unvollständiges Wissen über die Bedingungen und Bedürfnisse der
Zukünftigen begründet einen instrumentellen Wert der Vielfalt.
Ein intrinsischer Wert der Vielfalt ist zu berücksichtigen, insofern
und weil die Zukünftigen – ebenso wie wir – das Recht haben,
ihre eigenen Entscheidungen zu treffen. Selbst wenn wir wissen –
oder zu wissen glauben –, welche Alternativen für die Zukünftigen am besten sind, so dürfen wir doch nicht deren Entscheidungsfreiheit beschränken, sondern müssen ihre Autonomie
achten.

Werden die Individuen als Nutzenmaximierer mit vollständiger Voraussicht der zukünftigen Bedingungen und Präferenzen
betrachtet, dann kann es keinen intrinsischen Wert der Wahlfreiheit geben. Alle zukünftigen Entscheidungen sind bereits festgelegt. Der Begriff "Autonomie" setzt Freiheit des Willens voraus.
Ein Nutzenmaximierer mit gegebenen Präferenzen besitzt aber
diese Willensfreiheit nicht. Das Konzept der Autonomie sprengt
damit den Begriffsrahmen der traditionellen Ökonomik. Ein Entscheider muß als rationaler Entscheider stets die gemäß seiner Präferenzen beste Alternative auswählen. Wollte man das Auto-
nomiekonzept begrifflich auf der Ebene der Einzelentscheidungen
einordnen, dann träte der Autonomiebegriff in Konflikt mit dem
Rationalitätsbegriff. Autonomie und Rationalität sind aber vereinbar, wenn die Präferenzen flexibel sind, genauer, wenn die Präferenzen vom Entscheider selbst geformt werden.

Daß sich Präferenzen ändern können, ist eine notwendige,
aber keine hinreichende Bedingung für die Vereinbarkeit von
Autonomie und Rationalität. Bei einer exogenen Änderung der
Präferenzen sind ebenso wie bei starren Präferenzen alle Entscheidungen eigentlich schon gemacht, und zwar im Fall voll-

kommener Voraussicht ebenso wie bei Unsicherheit. Im letzteren
Fall kann die Entscheidung unter Unsicherheit durch die Zuschreibung von Wahrscheinlichkeiten zu den möglichen Präfe-
renzprofilen als ein Problem der Erwartungsnutzentheorie betrachtet werden. Sind die Präferenzänderungen endogen und kausal durch frühere Wahlhandlungen verursacht, so stellt sich das
Entscheidungsproblem wiederum als Nutzenmaximierungspro-
blem. Der Entscheider muß dann allerdings ein komplexeres
dynamisches Programmierungsproblem lösen.[17] Auch in diesem
Fall bleibt kein Raum für Willensfreiheit. Autonomie beruht auf
einer Flexibilität der Präferenzen. Die Präferenzänderungen dürfen aber weder exogen noch kausal vollständig determiniert sein.
Ein autonomer Entscheider kann vielmehr seine Präferenzen –
zumindest in Grenzen – selbst bestimmen. Die Begriffe Willensfreiheit und Autonomie gehören auf die Ebene der Präferenzbildung. Die Möglichkeit, eine eigene Wahl zu treffen, ist für eine
Person wertvoll, insofern sie im Prozeß begriffen ist, ihre eigenen
Präferenzen zu formen.[18] Wenn und solange eine Person in diesem
Prozeß steht, erfährt die Vielfalt ihrer Wahlmöglichkeiten eine
besondere Wertschätzung über den instrumentellen Wert von
Optionen in einer Welt der Unsicherheit hinaus.

Ein rationaler Entscheider wählt gemäß seiner Präferenzen.
Aber darüber hinaus bestehen Möglichkeiten, die Formierung der
eigenen Präferenzen zu gestalten. Für Individuen, die die Formierung ihrer Präferenzen aktiv gestalten, verwende ich im folgenden
den Begriff der Person. Die Gestaltung der Präferenzen ist mit
einem Entscheidungsproblem der Metaebene verbunden. Wahlmöglichkeiten auf der Metaebene haben in einer unsicheren Welt
instrumentellen Wert. Es liegt daher im Interesse einer Person, in

---

17 Vgl. z.B. von Weizsäcker (1971), Peleg/Yaari (1973) und Hammond
   (1976a).
18 Eine ähnliche Auffassung entwickelt Frankfurt (1988).

ihren Präferenzen nicht allzu sehr festgelegt zu sein. Sich Flexibilität zu erhalten, ist jedoch mit zusätzlichen Unsicherheiten verbunden, die zu den Unsicherheiten der äußeren Umwelt hinzutreten. Autonomie generiert diese Unsicherheiten und steht daher im Konflikt mit der Risikoaversion, die Ökonomen den Entscheidern normalerweise unterstellen.

Das Beispiel der Wahl des Studiums soll noch einmal zur Veranschaulichung dienen. Wer sich bei einem Studium der Rechtswissenschaften rasch für einen bestimmten Beruf, sagen wir r, entscheidet, reduziert die Unsicherheit und kann spezifische Investitionen eher vornehmen als eine Studentin, die sich mehrere Möglichkeiten, sagen wir j, k und l, offenhalten will. Das Offenhalten verschiedener Möglichkeiten blockiert zwar bestimmte spezifische Investitionen, es erlaubt jedoch, bessere Informationen bei der Berufswahl zu berücksichtigen (instrumenteller Wert). Darüber hinaus erfährt der *Prozeß* der Präferenzbildung eine Wertschätzung. Der Wert der Autonomie drückt sich darin aus, daß eine Person den Zustand zu verzögern oder zu vermeiden sucht, in dem alle essentiellen Entscheidungen bereits getroffen sind.

In der Berücksichtigung des Werts der Autonomie liegt der entscheidende Unterschied des Konzepts der Wahlfreiheit zum Konzept des Erwartungsnutzens. Ein Ansatzpunkt zu einem formalen Modell einer Person in dem hier bestimmten Sinne – im Unterschied zum *homo oeconomicus*, der bei gegebenen Präferenzen die beste Alternative wählt – wäre die Berücksichtigung von Nutzen (und Kosten) der Entscheidung bzw. des Entscheidungsprozesses selbst. In der Erwartungsnutzentheorie ist dies durch ein Axiom ausgeschlossen, das besagt, daß nur die Auszahlungen, nicht jedoch die Wahlhandlung oder der Entscheidungsprozeß, in die Bewertung einbezogen werden.[19] Dieses Axiom muß aufgegeben werden, wenn die Autonomie der Person berücksichtigt

---

19 Vgl v. Neumann/Morgenstern (1944, 28).

werden soll. Werden, wie in der Erwartungsnutzentheorie, Kosten und Nutzen des Entscheidens nicht berücksichtigt, dann ist die Größe oder die Diversität der Auswahlmengen nebensächlich. Ist eine Wahl jedoch mit Kosten verbunden, dann werden kleinere und einheitlichere Auswahlmengen vorgezogen. Wird die Wahlhandlung selbst als positiv gesehen, werden größere und vielfältigere Auswahlmengen bevorzugt. Autonomie heißt, der Wahlhandlung als solcher einen positiven Wert zuzumessen.

8.4 Biodiversität: Eine Anwendung des Wahlfreiheitskonzepts

Den in den Abschnitten 8.1 und 8.2 entwickelten formalen Rahmen zur Bewertung von Wahlmöglichkeiten kann man auf das Problem der Bewertung von Biodiversität anwenden. Eine hohe Biodiversität ist ein wesentlicher Bestandteil der Wahlmöglichkeiten zukünftiger Generationen. Wir dürfen unterstellen, daß zukünftige Generationen genau wie wir ein Interesse daran haben, in einer vielfältigen Umwelt zu leben. Wenn Vielfalt als solche geschätzt wird, dann wird der Biodiversität ein intrinsischer Wert zugemessen. Ferner gibt es einen instrumentellen Wert sowohl einzelner Arten als auch der Vielfalt. Der instrumentelle Wert der Vielfalt beruht auf den damit verbundenen Versicherungsaspekten. Eine große Artenvielfalt bietet ein Reservoir von Eigenschaften, die zu einem späteren Zeitpunkt von Nutzen sein können. Wir wissen in der Regel nicht, was wir mit dem Aussterben einer Art verlieren, da wir einerseits nicht alle Eigenschaften der verschiedenen Arten und andererseits nicht alle zukünftigen Bedürfnisse und Erfordernisse kennen, bzw. kennen können.

Artenschutz ist mit Entscheidungen unter Unsicherheit verbunden. Alle zur Zeit existierenden Arten zu erhalten, würde mit großen Kosten, bzw. Opportunitätskosten verbunden sein. Die bisherige Land- und Meeresnutzung müßte im Hinblick auf dieses Ziel einschneidend umorientiert werden und große Flächen müß-

ten einer Nutzung völlig entzogen werden. Da die Mittel, die für
den Artenschutz bereitgestellt werden (können), begrenzt sind,
stellt sich die Frage, welche Arten erhalten werden sollten, und
bei welchen Arten das Aussterben hinzunehmen wäre. Dieses
Problem könnte als Arche-Noah-Problem bezeichnet werden.
Welche Arten sollen auf einer Arche begrenzter Größe unterge-
bracht werden? Das Bündel aller Maßnahmen, die relevant für den
Verlust oder den Erhalt von Arten sind, soll als eine Artenschutzpolitik bezeichnet werden. Jede Artenschutzpolitik kann mit der
Menge der Arten identifiziert werden, die unter dieser Politik
überleben. Auch die Vernichtung der Regenwälder ist also in diesem technischen Sinne "Artenschutzpolitik". Zur Bewertung von
Artenschutzpolitiken und zur Lösung des Arche-Noah-Problems
müssen Mengen der jeweils überlebenden Arten bewertet werden.

Die in Abschnitt 8.1 eingeführte Notation erhält nun folgende
speziellere Interpretation. Einzelne Arten werden mit x, y, ... bezeichnet. Ω bezeichnet die Menge der heute existierenden Arten,
von der gemäß der verschiedenen möglichen Artenschutzpolitiken bestimmte Teilmengen der Menge aller Arten überleben. Zur
sprachlichen Vereinfachung nenne ich diese Teilmengen
"Biotope"; sie werden mit A, B, ... bezeichnet.

Bei der Bewertung von Biotopen müssen wir den Wert der
einzelnen Arten vom Wert der Vielfalt unterscheiden. Biotope
können Arten von besonderem genetischen oder pharmazeuti-
schen Wert oder von besonderer Schönheit enthalten. Wir können den Artenwert der Art x wiederum analog zu Klemisch-
Ahlert (1993) mit $\alpha(x)$ bezeichnen; $\alpha: X \to \mathbb{R}$. Hier sind nun
– anders als in Abschnitt 8.2 – auch negative Werte für α
(Artenwerte) zugelassen.

Aus der Ordnung R^{α} (Definition 8.2) kann man leicht ein Maß
für den Artenwert $S(B)$ eines Biotops B konstruieren. $S(\bullet)$ ist eine
Repräsentation von R^{α} und kann wie folgt definiert werden:

DEFINITION 8.11: Für alle $B \in \Omega$, $S(B) = \sum_{x \in B} \alpha(x)$.

In Definition 8.11 ist die Artenvielfalt noch unberücksichtigt. Der nächste Schritt ist es, ein Maß für die Diversität eines Biotops zu bestimmen. Dazu kann das Maß D^+ verwendet werden. Eine Bestimmung von D^+ für ein Biotop B beruht auf der Verschiedenheit (den Abständen) der Arten in B.

Es gibt drei verschiedene Möglichkeiten, die Abstände zweier Arten x und y zu bestimmen. Erstens könnte man sie wie die Alternativen in Abschnitt 8.2 in einem Raum von n relevanten Charakteristika lokalisieren und ihre Abstände im $\mathbb{R}^n$ bestimmen. Zweitens könnte ein Abstandsmaß für Arten aus Vergleichen der molekularen Struktur ihres Genoms bestimmt werden. Allerdings sind die dazu notwendigen Analysen erst für sehr wenige Arten durchgeführt worden. Daher verwendet Weitzman (1992 und 1993) Informationen aus der Evolutionsgeschichte zur Bestimmung eines Abstandsmaßes. Der Abstand zweier Arten wird durch den zeitlichen Abstand zu einem gemeinsamen Vorfahren bestimmt. Dabei kann erwartet werden, daß zwei Arten um so verschiedener sind, je länger sie sich unabhängig voneinander entwickelt haben. Auf diese Information kann sich ein Abstandsmaß d gründen. Die Diversität D^+ eines Biotops B ergibt sich dann als Summe aller Abstände der Arten in B.[20]

Der Artenwert läßt Vielfalt unberücksichtigt, der Diversitätswert hingegen läßt - wegen des Axioms (INS') - jeden Artenwert unberücksichtigt. Beide Bewertungen sind daher unabhängig voneinander und stellen verschiedene Dimensionen der Bewertung dar. Für eine Gesamtbewertung von Biotopen müssen beide Wertdimensionen zusammengebracht werden. Man kann auch hier zunächst an eine lexikalische Ordnung denken. Dies erscheint aber auch hier - wie in Abschnitt 8.2 - unplausibel. Man würde

20 Vgl. S. 147.

einerseits wohl kaum große Einschränkungen der Diversität hinnehmen wollen, nur um einen kleinen Zuwachs des Artenwerts zu erreichen. Andererseits wäre die Freude an der Vielfalt der Natur sicher getrübt, wenn sich in dieser Vielfalt keine für den Menschen nützlichen Arten befänden. Zwischen Diversität und Artenvielfalt soll daher ein *trade-off* zugelassen werden. Zur Bewertung von Biotopen B wird die folgende Wertfunktion $V(B)$ vorgeschlagen:

DEFINITION 8.12:
$$V(B) = S(B) + D^+(B) = \sum_{x \in B} \alpha(x) + \frac{1}{2} \sum_{x \in B} \sum_{y \in B} d(x,y).$$

Diese Bewertungsfunktion erfüllt das *Simple Dominance* (SD) Axiom und die folgenden beiden Unabhängigkeitsbedingungen (IND 1) und (IND 2):

(IND 1):

(i) Für alle $B \in \Omega$ und $x, y \in X \setminus B$: $[\{x\}R\{y\}$ und $\delta(x, B) \geq \delta(y, B)]$
$\Rightarrow B \cup \{x\} R B \cup \{y\}$.

(ii) Für alle $B \in \Omega$ und $x, y \in X \setminus B$: $\{x\}I\{y\} \Rightarrow [\delta(x, B) \geq \delta(y, B)$
$\Leftrightarrow B \cup \{x\} R B \cup \{y\}]$.

(iii) Für alle $B \in \Omega$ and $x, y \in X \setminus B$: $\delta(x, B) = \delta(y, B)$
$\Rightarrow [\{x\}R\{y\} \Leftrightarrow B \cup \{x\} R B \cup \{y\}]$.

(IND 2):

(i) Für alle $A, B \in \Omega$ und $x \in X \setminus A \cup B$: $[ARB$ und $\delta(x, A) \geq \delta(x, B)]$
$\Rightarrow A \cup \{x\} R B \cup \{x\}$.

(ii) Für alle $A, B \in \Omega$ und $x \in X \setminus A \cup B$: $AIB \Rightarrow [\delta(x, A) \geq \delta(x, B)$
$\Leftrightarrow A \cup \{x\} R B \cup \{x\}]$.

(iii) Für alle A, $B \in \Omega$ und $x \in X \backslash A \cup B$: $\delta(x, A) = \delta(x, B)$
$\Rightarrow [ARB \Leftrightarrow A \cup \{x\} RB \cup \{x\}]$.

Die Unabhängigkeitsbedingung (IND 1) betrachtet den Fall, in dem ein Biotop um eine zusätzliche Art erweitert wird.

Wenn dabei (i) der Artenwert *und* der Grad der Verschiedenheit von x nicht kleiner ist als der von y, dann soll ein Biotop, das x statt y enthält, zumindest keinen geringeren Biotopwert aufweisen.

(ii) Sind $\{x\}$ und $\{y\}$ von gleichem Wert, dann soll die Rangfolge im Biotopwert von $B \cup \{x\}$ und $B \cup \{y\}$ allein durch den Grad der Verschiedenheit von x respektive y in bezug auf das Biotop B bestimmt werden.

(iii) Wenn allerdings die Arten x und y einen gleichen Grad der Verschiedenheit zu B aufweisen, dann wird die Rangfolge von $B \cup \{x\}$ und $B \cup \{y\}$ allein durch den Artenwert bestimmt.

Die Unabhängigkeitsbedingung (IND 2) betrachtet den Fall, in dem verschiedene Biotope um dieselbe Art erweitert werden.

(i) Wenn von zwei Biotopen eines, A, einen höheren oder gleichen Biotopwert aufweist wie B und die zusätzliche Art von A mindestens ebenso verschieden ist wie von B, dann muß auch der Biotopwert des erweiterten Biotops $A \cup \{x\}$ mindestens ebenso groß sein wie der Biotopwert von $B \cup \{x\}$.

(ii) Sind die Biotope zu Beginn gleichwertig, dann ergibt sich die Rangfolge der erweiterten Biotope aus dem Grad der Verschiedenheit der hinzugefügten Art mit Bezug auf beide Biotope.

(iii) Sind die Grade der Verschiedenheit der zusätzlichen Art in bezug auf beide Biotope gleich, dann beruht die Rangfolge der Biotopwerte der erweiterten Biotope allein auf der Rangfolge am Anfang.

Die in Definition 8.12 vorgeschlagene Wertfunktion für Biotope $V(B)$ repräsentiert eine Ordnung R über Ω, die die Bedingungen (SD), (IND1) und (IND2) erfüllt. Dies kann wegen der additiv separablen Struktur von $V(B)$ leicht überprüft werden.

Es ist hier anzumerken, daß der in 8.12 definierte Biotopwert die Monotonie-Bedingung (M) verletzt, die Weitzman verlangt.[21] Der Grund dafür ist, daß der Biotopwert nicht allein auf Diversität rekurriert, sondern auch den Artenwert umfaßt. Da negative Artenwerte nicht ausgeschlossen sind, kann die Monotonie-Bedingung verletzt sein. Der Verlust einer für den Menschen gefährlichen Art (mit negativem Artenwert) kann den Artenwert des Restbiotops erhöhen. Allerdings tritt dabei gleichzeitig ein Verlust an Diversität auf. Eine Artenschutzpolitik muß beide Wertdimensionen (Artenwert und Diversitätswert) gegeneinander abwägen. Formal kann dies durch die Skalierung der Artenwertfunktion α geschehen.

Weitzman (1992, 363) hat hervorgehoben, daß das Fehlen eines begrifflichen Rahmens, in dem die Bedeutung von "Biodiversität" bestimmt wird, die politische Umsetzung der Verpflichtung zu einem verbesserten Artenschutz behindert. Ein solcher Begriffsrahmen ist hier im Anschluß an Weitzmans Arbeiten weiterentwickelt worden. Eine Präzisierung des Werts der Artenvielfalt erscheint unerläßlich, auch wenn die für praktische Anwendungen des Konzepts notwendigen Informationen nicht vorhanden sind und durch "best guesses" ersetzt werden müssen.[22] Mit dem hier entwickelten Begriffsrahmen soll auch der Auffassung von Gowdy (1997, 37) entgegengetreten werden, der erklärt: "Devising a meaningful single measure, monetary or otherwise, of the value of biodiversity, is impossible". Es mag zwar unmöglich sein, *die richtige* Bewertung von Biodiversität und Biotopen zu finden, fest steht aber, daß das Arche-Noah-Problem nicht ohne eine solche

---

21 Vgl. S. 145.

22 Weitzman (1993) untersucht ein spezielles Artenschutzprogramm für Kraniche.

Bewertungsfunktion gelöst werden kann. Eine rationale und konsistente Artenschutzpolitik kann nur gefunden werden, wenn die möglichen Ergebnisse (vergleichend) bewertet werden. Das Ziel einer Bewertung ist es, Artenschutzpolitiken zu entwerfen, die nachvollziehbar und begründbar sind.

Viele empirische Studien zur Bewertung des Artenschutzes verwenden die Methode der kontingenten Bewertung.[23] Dabei tritt das Problem auf, daß die Befragten die Antwort verweigern oder keine Antwort zu geben wissen. Geringe Antwortquoten verringern aber den Wert der Studien beträchtlich.[24] Eine Erklärung für geringe Antwortquoten ist, daß den Befragten die Informationen fehlen, an denen sie ihre Zahlungbereitschaft orientieren könnten. Die Folgen des Artenschutzes (bzw. Artenverlusts) oder des Schutzes (bzw. Verlusts) bestimmter Biotope sind für den Nicht-Ökologen in keiner Weise abschätzbar. Zweitens erscheinen die Wertdimensionen, die mit dem Verlust einer Art verbunden sind, als inkommensurabel. Zur Nennung einer Zahlungsbereitschaft für ein Programm zur Sicherung des Überlebens der Galapagos Schildkröte oder der Rhöndistel müssen ganz unterschiedliche Werte wie Schönheit, Seltenheit, medizinische oder pharmazeutische Nützlichkeit usw. zusammengebracht werden. Die Formierung von Präferenzen ist dabei kein einfacher Prozeß. Eine nicht-abgeschlossene Präferenzformierung kann aber im besten Fall nur zur Antwortverweigerung führen, im schlechteren Fall werden willkürlich irgendwelche Zahlungsbereitschaften genannt. Diese skeptischen Bemerkungen zur Bewertung von Artenschutz durch Zahlungsbereitschaftsanalysen sollten hier so verstanden werden, daß eine Präferenzbildung der Frage nach der Zahlungsbereitschaft vorausgehen muß. In diesem Sinne sind die

---

23 Vgl. z.B. Spash/Hanley (1995).
24 Vgl. dazu insbesondere Diamond/Hausman (1994) und Lazo et al. (1997).

Überlegungen zu Artenwert, Diversitätswert und Aggregations-
problemen komplementär zu Zahlungsbereitschaftsanalysen – sie
können und sollen diese nicht ersetzen.

9. Wahlfreiheit und intergenerationell gerechter Ressourcenzugang

Die Theorie der Zukunftsverantwortung, die hier entworfen wird, basiert auf dem Konzept der Wahlfreiheit, das in Kapitel 8 formal präzisiert wurde. Wahlfreiheit drückt die Bewertung einer Menge von Wahlmöglichkeiten aus. Diese Bewertung wird zunächst – folgt man dem Prinzip des methodologischen Individualismus – auf der Ebene des Individuums vorgenommen. Wenn wir von der Wahlfreiheit zukünftiger Generationen sprechen wollen, müssen wir über die Ebene des Individuums hinaus gehen. Die Wertbasis der Wahlfreiheit muß durch Aggregationsregeln zu einer vollständigen normativen Theorie der Zukunftsverantwortung ergänzt werden. Wir wollen mit Hilfe einer solchen Theorie Ressourcennutzung und Kapitalbildung beurteilen. Ressourcenverbrauch, Ersparnis und Investitionen bestimmen die Wahlmöglichkeiten, die sich den verschiedenen Personen bei unterschiedlichen Bedingungen zu verschiedenen Zeitpunkten bieten. Wahlfreiheit muß daher über verschiedene Personen, über mögliche Ereignisse und über die Zeit hinweg aggregiert werden.[1] Die folgenden Abschnitte behandeln die drei Dimensionen der Aggregation. In der personellen Dimension stellt sich die Frage, wie aus den individuellen Bewertungen der Wahlmöglichkeiten ein Wahlfreiheitsindex einer Gesellschaft – oder einer Generation – gewonnen werden kann (Abschnitt 9.1). Die Risikodimension ist

---

1 Broome (1990) diskutiert die Fragen der Aggregation in diesen drei Dimensionen ausführlich, allerdings in bezug auf eine Wertbasis, die als "the good" bezeichnet wird. Broomes Ansatz ist genereller als das hier verfolgte Projekt. Vgl. zu den Wertdimensionen auch die Bemerkungen in Abschnitt 2.1 sowie in Kapitel 3.

bereits in den individuellen Bewertungen der Wahlmöglichkeiten erfaßt. Es ist aber noch genauer zu zeigen, auf welche Weise dies geschieht (Abschnitt 9.2). In zeitlicher Perspektive stellt sich analog zum Problem der Diskontierung die Frage, wie zukünftige Wahlmöglichkeiten in Relation zu den heutigen zu bewerten sind (Abschnitt 9.3). Den Schluß dieses Kapitels – und gleichsam den Endpunkt dieser Betrachtungen – bildet die Charakterisierung eines Systems von Ressourcennutzungsrechten, das allen Generationen gleich gute Wahlmöglichkeiten bietet (Abschnitt 9.4).

9.1 Was sind gleiche Chancen? Die interpersonelle Vergleichbarkeit von Wahlfreiheit

In Kapitel 7 ist die Verwendung der Leximin-Aggregationsregel in der personalen Dimension begründet worden. Um diese Art der Aggregation vornehmen zu können, müssen Niveauvergleiche der Wahlfreiheit verschiedener Personen vorgenommen werden. Es müssen Aussagen der Art getroffen werden, ob eine Auswahlmenge A einer Person i größere (kleinere oder gleich große) Wahlfreiheit bietet als die Auswahlmenge B einer Person j. Bezeichnen wir eine Situation, in der Person i aus A auswählen kann, mit (A, i) und eine interpersonelle Wahlfreiheitsrelation mit R^*. Das Ziel ist es, die Geltung von Aussagen der Form $(A, i)R^*(B, j)$ zu bestimmen. Die Wahlfreiheitsrelation R^* spiegelt hier nicht die Wertschätzung von Wahlmöglichkeiten aus der Perspektive eines einzelnen Individuums wider, sondern eine gesellschaftliche Bewertung. Diese gesellschaftliche Bewertung muß jedoch – wenn wir dem Prinzip des methodologischen Individualismus folgen – auf den Bewertungen der einzelnen Individuen beruhen. Alle Mitglieder der Gesellschaft $N = \{1, ..., n\}$ geben dazu eine interpersonell vergleichende Einschätzung der Wahlfreiheit an. R^* wird also auf der Basis eines Profils von Wahlfreiheitsbewertungen bestimmt: $R^* = f(R_1^*, ..., R_n^*)$, wobei R_i^* eine Ordnung über $\Omega \times N$

bezeichnet. Es liegen also Bewertungen der Art $(A, i)R_k^*(B, j)$
– d.h. aus der Perspektive von k bietet A für i eine mindestens
ebenso große Wahlfreiheit wie B für j – vor. Wie kann nun aus
solchen Bewertungen eine gesellschaftliche Bewertung individueller Wahlmöglichkeiten gewonnen werden? Im Prinzip sollten
dabei die Bewertungen aller Individuen Berücksichtigung finden.
Man kann die gesellschaftliche Bewertung also als ein Präferenz-
aggregationsproblem formulieren. Dieses Aggregationsproblem
wird trivial, wenn man wie z.B. Arrow (1977) oder Harsanyi
(1955 und 1977, 57 ff) annimmt, daß interpersonelle Vergleiche
auf der Basis fundamentaler Präferenzen vorgenommen werden,
die für alle Individuen gleich sind. Arrow und Harsanyi gehen
davon aus, daß k's Vergleich der Situation von i mit der Situation
von j genauso ausfällt wie der Vergleich einer beliebigen anderen
Person l.[2] Diese Vorstellung wird damit begründet, daß Präfe-
renzunterschiede zwischen verschiedenen Personen nicht beliebig
sind, sondern sich stets aus Ursachen ableiten lassen. Unter den
gleichen kausalen Bedingungen wären also die Präferenzen zweier
Individuen gleich. Wenn k die Situation von i beurteilt, muß k
nicht nur die äußeren Umstände betrachten, sondern auch, was
diese Umstände für Individuum i bedeuten. Wenn k sich vorstellt,
in der Haut von i zu stecken, muß k von allen spezifischen Ein-
flüssen, die ihre eigenen Präferenzen geformt haben, abstrahieren.
Somit kommen alle zur gleichen Einschätzung, wenn die Einschätzungen wohlüberlegt und unter Einbeziehung der relevanten
Informationen erfolgen, d.h. $R_i^* = R_j^* = R^*$ für alle i, j. Da kein
spezifischer Einfluß auf die Präferenzbildung eine Rolle spielen

---

2 Arrow und Harsanyi betrachten dabei interpersonelle Vergleiche von
   Wohlfahrt. Ihre Argumentation ist jedoch auf den hier betrachteten Fall
   interpersoneller Wahlfreiheitsvergleiche übertragbar. Vgl. auch Sen
   (1970, 152 ff), Suzumura (1997) zu interpersonellen Vergleichen auf der
   Basis von "extended sympathy".

darf, R^* somit von allen Persönlichkeitsmerkmalen abstrahiert, kann man nicht sagen, daß R^* überhaupt jemandes Präferenzen repräsentiert. Die Gültigkeit der Argumentation hängt dann davon ab, ob es Werte gibt, die nicht Werte bestimmter Personen sind, bzw. davon, daß Beurteilungen jenseits spezifisch persönlicher Werthaltungen vorgenommen werden können. Solche Werte könnte man objektive Werte nennen.

Gegen (objektive) interpersonelle Vergleiche dieser Art kann man zwei Einwände erheben. Zunächst ist der Rückgriff auf objektive Werte gerade aus der Perspektive eines Ordinalismus fragwürdig. Die Stärke des ordinalistischen Programms, Bewertungen sozialer Situationen auf der Basis individueller Präferenzordnungen vorzunehmen, beruht ja gerade darauf, daß keine objektiven Werte postuliert werden müssen. Aber selbst wenn wir "präpersonelle" objektive Werte akzeptieren, bleibt ein zweiter Einwand; denn man müßte darüber hinaus annehmen, daß dies die einzigen Werte sind, auf deren Grundlage interpersonelle Vergleiche vorgenommen werden. Die Einschätzungen, die auf persönlichen Werthaltungen beruhen, werden sämtlich ausgeblendet. Und dies muß dem methodologischen Individualisten untragbar erscheinen.[3] Die hieraus zu ziehende Schlußfolgerung ist, daß wir nicht von *einer* interpersonellen Wahlfreiheitsrelation ausgehen können. Vielmehr müssen wir davon ausgehen, daß jedes Individuum seine eigene von anderen unterschiedene Einschätzung interpersoneller Vergleiche hat. Damit sind wir auf das Problem, die Wahlfreiheitsrelationen aller einzelnen zu *einer* gesellschaftlichen interpersonell vergleichenden Wahlfreiheitsrelation zu aggregieren, zurückverwiesen.

Bevor die Argumentation fortgesetzt wird, soll das Problem noch einmal klar formuliert werden. Um verschiedene gesell-

---

3 Vgl. dazu insbesondere die Kritik von McKay (1986) und Broome (1993).

schaftliche Situationen vergleichen zu können, müssen wir zwei ineinander verschachtelte Aggregationsprobleme lösen. Unter einer gesellschaftlichen Situation wird hier eine Liste verstanden, die für jede Person die Auswahlmenge angibt, aus der diese Person wählen kann. Eine gesellschaftliche Situation Σ hat also die folgende formale Struktur:

$$\Sigma = [(A_1, 1), (A_2, 2), \ldots, (A_n, n)].$$

Das erste Aggregationsproblem ist, aus den individuellen inter-personellen Vergleichen der Wahlfreiheit R_i^* eine gesellschaftliche Einschätzung R^* zu gewinnen. Wir wollen hier annehmen, daß dieses Problem lösbar sei, etwa durch einen Abstimmungsmecha-nismus.[4] Da die Zuschreibung der Indexzahlen zu Personen in beliebiger Weise erfolgen kann, kann die Liste Σ dann so sortiert werden, daß gilt:

$$(A_1, 1)R^*(A_2, 2)R^* \ldots R^*(A_n, n).$$

Im nächsten Schritt gilt es, verschiedene gesellschaftliche Situatio-nen zu vergleichen. An dieser Stelle wird die Leximin-Regel zur Aggregation verwendet. Wenn zwei gesellschaftliche Situationen

$$\Sigma_A = [(A_1, 1), (A_2, 2), \ldots, (A_n, n)] \text{ und}$$
$$\Sigma_B = [(B_1, 1), (B_2, 2), \ldots, (B_n, n)]$$

verglichen werden, dann ist Σ_A vorzuziehen, wenn $(A_n, n)P^*(B_n, n)$, oder, falls $(A_n, n)I^*(B_n, n)$, dann wird Σ_A vorge-zogen, wenn $(A_{n-1}, n\text{-}1)P^*(B_{n-1}, n\text{-}1)$, usf. Unter den möglichen gesellschaftlichen Situationen wird also die herausgesucht, die der Person mit der geringsten Wahlfreiheit eine größere Wahlfreiheit bietet als alle anderen gesellschaftliche Situationen. Ist die Maxi-

---

4 Eine neuere Arbeit, die sich dieser Frage widmet, ist Roberts (1997).

min-Situation nicht eindeutig bestimmt, dann ist die Wahlfreiheit der zweitschlechtestgestellten Person ausschlaggebend usf.[5]

Es soll hier noch einmal betont werden, daß die Wahlfreiheits-relation R^* allein auf Niveauvergleichen beruht. Wären stärkere informationelle Voraussetzungen erfüllt, wäre insbesondere die Wahlfreiheitsrelation über der Menge von Lotterien zwischen Paaren (A, i) definiert (d.h. wäre R^* kardinal repräsentierbar), dann könnte eine "quasi-utilitaristische" Aggregation vorgenom-men werden. Die kardinal repräsentierte Wahlfreiheit könnte dann gemäß Harsanyis (1953 und 1977) *Impartial Observer Theo-rem* über Personen hinweg aufsummiert werden.[6]

9.2 Unsicherheit und Ungewißheit

Um die Risikodimension näher zu betrachten, kehren wir noch einmal zur Ebene des Individuums zurück. Wie gut eine gegebene Menge an Wahlmöglichkeiten ist, hängt unter anderem auch da-von ab, welchen Risiken, Unsicherheiten oder gar Ungewißheiten ein Individuum gegenübersteht. Die Bewertung von Wahlmög-lichkeiten unter dem Aspekt unvollständigen Wissens will ich im folgenden am Beispiel des Artenschutzes diskutieren. Eine kurze Vorbemerkung zu den Begriffen "Unsicherheit" (*risk*) und Unge-wißheit" (*uncertainty*) soll der Betrachtung vorangestellt werden.[7] Ein paradigmatisches Beispiel einer Entscheidung unter Unsi-cherheit ist der Einsatz beim Roulette oder beim Würfeln. Die

---

5   Vgl. die Definition auf S. 124 und die dort in Fußnote 7 angegebene Literatur.

6   Man könnte dann vom von-Neumann-Morgenstern-Nutzen der Wahl-freiheit sprechen. Zu Harsanyis *Impartial Observer Theorem* vgl. Weymark (1991) und Mongin/d'Apresmont (1998, 425 ff).

7   Die Unterscheidung zwischen "*risk*" und "*uncertainty*" geht auf Knight (1921, 19 f) zurück.

Situation ist durch gegebene Ereignisse gekennzeichnet, denen objektive Wahrscheinlichkeiten zugeordnet werden können.[8] Auf Situationen dieser Art sind die von-Neumann-Morgenstern-Axiome anwendbar. Präferenzen zwischen riskanten Projekten können durch eine Erwartungsnutzenfunktion repräsentiert werden.

Ungewißheit besteht, wenn keine objektiven Wahrscheinlichkeiten angegeben werden können, wie etwa beim Pferderennen. Wenn ein Entscheider den Ereignissen aber subjektive Wahrscheinlichkeiten zuordnen kann, dann kann die Entscheidungssituation als eine Situation unter Unsicherheit rekonstruiert werden. Voraussetzung dafür ist, daß bekannt ist, welche Ereignisse überhaupt möglich sind. Wenn neue Information verfügbar wird, muß die angenommene Wahrscheinlichkeitsverteilung modifiziert werden, um unter den Bedingungen unvollständiger Information die beste Entscheidung treffen zu können.[9] Die soeben beschriebene Art der Ungewißheit möchte ich von genuiner Ungewißheit unterscheiden. Genuine Ungewißheit besteht dann, wenn den Ereignissen keine Wahrscheinlichkeiten zugeordnet werden können. Dies ist etwa dann der Fall, wenn die Menge der möglichen Ereignisse unbekannt ist.

Im Rahmen einer Theorie der Zukunftsverantwortung ist der Fall genuiner Ungewißheit relevant. Gerade wenn sehr langfristig wirkende Maßnahmen getroffen werden, können wir die möglichen Wirkungen nicht vollständig beschreiben, weil Ereignisse eintreten können, deren Möglichkeit wir nicht in Betracht gezo-

---

8 Man kann allerdings auch bestreiten, daß es überhaupt objektive Wahrscheinlichkeiten gibt. Wie können wir sicher sein, daß das Roulette oder der Würfel "richtig" funktionieren?

9 Die Entscheidungstheorie für diese Situationen ist erstmals von Savage (1954) axiomatisiert worden, weitere Verbreitung hat jedoch die Axiomatisierung von Anscombe/Aumann (1963) gefunden.

gen haben. Technikfolgenabschätzungen geraten hier an eine methodologische und epistemologische Grenze. Gleichwohl müssen jedoch Entscheidungen getroffen werden. Es ist beispielsweise zu entscheiden, ob und in welchem Umfang Klimaschutzmaßnahmen getroffen werden, Kernenergie weiter genutzt wird, Biotope unter Schutz gestellt werden oder die Gentechnologie zum Einsatz kommt. Für Entscheidungen dieser Art kann die Entscheidungstheorie immer nur unvollständige Antworten geben. Auch Situationen genuiner Ungewißheit müssen pragmatisch als Entscheidungssituationen unter Unsicherheit rekonstruiert werden, wenn unser Entscheiden nicht vollkommener Beliebigkeit preisgegeben werden soll.

Betrachten wir nun zur Veranschaulichung das Beispiel des Artenschutzes. Wir vernachlässigen bei dieser Betrachtung zur Vereinfachung den intrinsischen Wert der Artenvielfalt. Zielgröße unserer Überlegungen sei hier der Artenwert eines Biotops, der in Ergänzung zu Abschnitt 8.4 nun noch genauer analysiert werden soll. Verschiedene Arten besitzen verschiedene nutzbare Eigenschaften. Sie produzieren verschiedene Stoffe, haben sich an unterschiedlichste Lebensbedingungen angepaßt und dabei verschiedene "technische" Lösungen bestimmter Probleme gefunden. Wir können daher auf mindestens zwei verschiedene Weisen von anderen Arten profitieren. Einmal dadurch, daß wir die Produkte nutzen, die uns von bestimmten Arten bereitgestellt werden.[10] Zweitens aber – und dies wird oftmals übersehen – können wir von der Natur lernen. Wir können die Mechanismen, die "technischen" Lösungen, die andere Arten in der Evolutionsgeschichte entwickelt haben, für unsere eigenen Zwecke nutzbar machen.

In unseren Entscheidungen müssen wir Kosten und Erträge verschiedener Projekte gegeneinander wägen. Dies gilt auch für

---

10 Hampicke (1991a, Kap. 2) stellt einer Liste verschiedener Nutzungen vor.

den Artenschutz. Ein Merkmal der Entscheidungen über artenschutzrelevante Projekte ist die Unsicherheit sowohl der Kosten als auch der Erträge. Eine Unsicherheit der Kosten besteht selbst dann, wenn wir uns ein Artenschutzprojekt mit festem Budget vorstellen; denn die Kosten sind in erster Linie als Opportunitätskosten zu betrachten, d.h. als entgangene Erträge aus nicht durchgeführten Alternativprojekten. Die Unsicherheit der Erträge kommt aus zwei verschiedenen Quellen, nämlich erstens aus unserer Lebensumwelt, unserem begrenzten Wissen über zukünftige Ereignisse, und zweitens aus sich verändernden Bewertungen. In Abschnitt 8.3 habe ich erläutert, daß die Autonomie der Person untrennbar mit diesem zweiten Typ der Unsicherheit verbunden ist. Im Kontext des Artenschutzes sind auch die Bewertungen zukünftiger Generationen relevant. Wenn wir deren Autonomie respektieren, dürfen wir nicht von festen Bewertungen zukünftiger Situationen ausgehen, sondern wir müssen verschiedene mögliche Bewertungen in Betracht ziehen. Eine gegenwärtig bedeutungslos erscheinende Art kann durch neue Anforderungen oder geänderte Wertschätzung Bedeutung erlangen. Das in 8.4 vorgeschlagene Maß für den Artenwert eines Biotops bedarf daher einer Modifikation. Der Artenwert – bzw. der instrumentelle Wert – eines Biotops war als Summe der Nutzen der einzelnen Arten aufgefaßt worden. Der Artenwert trägt der Diversität der Arten nicht Rechnung. Bei Risiko und/oder Unsicherheit hat jedoch die Diversität des Biotops auch für den instrumentellen Wert, d.h. für die erwartete Wohlfahrt, Bedeutung. Streng genommen ist also das In-eins-Setzen von Diversitätswert und intrinsischem Wert unzulässig. Es ist nur dann statthaft, wenn – wie in 8.4 angenommen – der Wert aller Arten gegeben ist. Herrscht hingegen Ungewißheit bezüglich einer zukünftigen Bewertung der Arten, dann bedeutet eine größere Vielfalt bezüglich der Eigenschaften der Arten eine größere Wahrscheinlichkeit, eine gemäß zukünftiger Bewertung gute Option zu finden.

Betrachten wir dazu ein sehr vereinfachtes Beispiel. Angenommen, in der Zukunft wird eine bestimmte Eigenschaft x aus einem eindimensionalen Eigenschaftsraum gebraucht, der auf das offene Intervall $(0, 1)$ beschränkt ist. Die vorhandenen Arten $a_1, a_2, ..., a_n$ seien in diesem Intervall lokalisierbar. Wir wollen weiter annehmen, daß heute ungewiß ist, welche Eigenschaft $x \in (0, 1)$ in Zukunft gebraucht wird, und daß der erzielbare Nutzen davon abhängt, ob sich eine Art findet, deren Eigenschaften x möglichst ähnlich sind. Der Nutzen einer Artenmenge $A = \{a_1, a_2, ..., a_m\}$ (mit $m < n$) sei um so größer, je kleiner der Abstand von x zu einer beliebigen Art in A ist. Wenn keine Information über die Lage von x in $(0, 1)$ gegeben ist, ist es naheliegend, eine Gleichverteilung anzunehmen. Der Erwartungsnutzen eines Artenschutzprogramms zugunsten einer Art $a_i \in A$ hängt dann davon ab, wie weit die nächsten Nachbararten von a_i entfernt sind. Die Wahl der Zusammensetzung der Artenmenge A gleicht der Bestimmung eines optimal diversifizierten Portfolios.[11] Im betrachteten Beispiel sind die Arten besonders erhaltenswert, die die größte Entfernung zu den nächstbenachbarten Arten haben.

9.3 Die intertemporale Vergleichbarkeit von Wahlfreiheit

Bisher ist auf die zeitliche Dimension der Bewertung von Wahlmöglichkeiten nur in intuitiver Weise bezug genommen worden. Die Aussage etwa, daß eine Ressourcenverteilung zwei Generationen gleich gute Wahlmöglichkeiten bietet, setzt implizit voraus, daß wir die Wahlfreiheit zu einem Zeitpunkt zu der Wahlfreiheit zu einem anderen Zeitpunkt in Beziehung setzen können. Zwei verschiedene Sichtweisen intertemporaler Vergleiche von Wahlfreiheit sind kurz zu diskutieren. Erstens könnte man Wahlfreiheit – analog zur hedonistischen Interpretation des Utilitaris-

---

11 Vgl. Weitzman (1995, 38).

mus – als eine objektiv quantifizierbare Größe ansehen. In diesem
Fall gilt, daß Wahlfreiheit als ein zeitlich invariantes Maß anzuse-
hen ist. Unter sonst gleichen Bedingungen gibt es keinen Grund,
die sich bietenden Wahlmöglichkeiten zu verschiedenen Zeitpunkten unterschiedlich zu bewerten. Insbesondere scheidet eine
Diskontierung der Wertbasis aus begrifflichen Gründen und wegen des Grundsatzes der Gerechtigkeit als Gleichheit aus.[12]

Lehnt man die Interpretation von Wahlfreiheit als einer quan-
tifizierbaren Größe ab, bleibt als zweite Sichtweise, Wahlfreiheit
als ordinales Konzept zu betrachten. Auf dieser informationell
weniger anspruchsvollen Auffassung beruht die Formulierung des
Wahlfreiheitskonzepts in Kapitel 8. Im Rahmen des Ordinalismus
stellt sich das Problem intertemporaler Vergleiche auf andere
Weise. Für die individuelle Bewertung von Wahlmöglichkeiten ist
der Zeitpunkt, wann die Möglichkeiten zur Verfügung stehen,
offensichtlich von Bedeutung. Die Möglichkeit, eine Reise in den
Himalaja zu unternehmen, wird man mit dreißig anders bewerten
als mit siebzig. Die Zeitabhängigkeit der Bewertung kann aber in
diesem Fall durch eine umfassendere Beschreibung der Wahlmöglichkeiten erklärt bzw. beseitigt werden. Einer Dreißigjährigen
bieten sich nämlich im Himalaja aufgrund ihrer körperlichen
Konstitution bessere Wahlmöglichkeiten als einer Siebzigjährigen.
Zu vergleichen sind die realen Optionen unter Berücksichtigung
persönlicher Fähigkeiten und Handicaps. Die Bewertung von
hinreichend umfassend beschriebenen Optionen soll zeitlich
invariant sein. In einem ordinalen Kontext bedeutet dies folgendes: Bieten zwei Auswahlmengen A_t und $B_{t'}$ die gleiche Wahlfreiheit, dann bieten auch A_t und $B_{t''}$ die gleiche Wahlfreiheit, wenn
sich $B_{t'}$ und $B_{t''}$ allein durch den Zeitpunkt, zu dem die Auswahlmenge B bereitsteht, unterscheiden. Da Personen eine begrenzte

---

12 Die Kritik der Nutzendiskontierung trifft in analoger Weise auch hier
zu; vgl. S. 33 f.

Lebensdauer haben, kann man gegen diese Formulierung einen Einwand erheben. Es ist unklar, was es bedeutet, daß die gleiche Auswahlmenge zu verschiedenen Zeitpunkten bereitsteht. Insofern eine Auswahl die späteren Wahlmöglichkeiten bis zum Todeszeitpunkt beeinflußt, ist auch die zeitliche Verschiebung von Optionen von Bedeutung. Streng genommen ist es für eine Person mit begrenzter Lebenszeit unmöglich, zu zwei verschiedenen Zeitpunkten die gleichen Optionen zu haben.[13] Daher ist in diesem Fall die folgende Formulierung adäquater: Bieten zwei Auswahlmengen A_t und $B_{t'}$ die gleiche Wahlfreiheit und bieten $B_{t'}$ und $C_{t''}$ die gleiche Wahlfreiheit, dann bieten auch A_t und $C_{t''}$ die gleiche Wahlfreiheit, selbst wenn der zeitliche Abstand zwischen t und t' ungleich dem zeitlichen Abstand zwischen t und t'' ist.

Für das Problem der intergenerationellen Gerechtigkeit spielt diese Überlegung allerdings nur mittelbar eine Rolle. Bei der Bestimmung des leximin-gerechten Ressourcenzugangs ist die Verteilung der Wahlfreiheit zwischen den einzelnen Personen relevant. Die Alternativenmenge, aus der eine Person auswählen kann, beschreibt in einem umfassenden Sinn die Chancen, die eine Person während ihres Lebens hat. Wir nehmen hier zur Vereinfachung an, daß einer Person bei der Geburt alle Verfügungsrechte zugewiesen werden, aus denen sich ihre Wahlmöglichkeiten ergeben, d.h. wir abstrahieren von der Tatsache, daß sich im Lebensverlauf die Menge der gesellschaftlich bereitgestellten Optionen ändert. Ändern können sich die Wahlmöglichkeiten allerdings als Resultat der eigenen Wahlhandlungen. Jede Person ist für die Konsequenzen ihrer Entscheidungen selbst verantwortlich.[14] Wir identifizieren also die Wahlfreiheit einer Person mit dem Wert ihrer Wahlmöglichkeiten zum Zeitpunkt der Geburt. Wir können

---

13 Ebenso wie es – nach Heraklit – unmöglich ist, zweimal im selben Fluß zu baden.

14 Vgl. Abschnitt 7.1.

uns daher die Wahlmöglichkeiten A einer Person i mit dem Geburtszeitpunkt indexiert denken, d.h. wir betrachten Paare der Form $(A, i)_t$. Eine zeitlich invariante Bewertung verlangt in diesem Fall nichts weiter, als daß die interpersonell vergleichende Ordnung R^*, die wir in Abschnitt 9.1 definiert haben, unabhängig von der zeitlichen Indexierung ist. Die Wahlfreiheit einer beliebigen zukünftigen Generation zählt nicht mehr und nicht weniger als die Wahlfreiheit der gegenwärtigen Generation.

9.4 Verfügungsrechte und intergenerationelle Gerechtigkeit

Mit Hilfe der vorausgegangenen Überlegungen zu Wertbasis und Aggregationsregeln der Ressourcenökonomik kann nun der Entwurf einer Theorie der intergenerationellen Gerechtigkeit formuliert werden. Ausgangspunkt für diese Theorie der Gerechtigkeit ist das Prinzip der Gerechtigkeit als Gleichheit. Die Individuen aller Generationen haben ein Recht auf gleiche Wahlfreiheit. Gleiche Wahlfreiheit kann mit ungleichen Wahlmöglichkeiten verbunden sein, da die Individuen ihre Wahlmöglichkeiten unterschiedlich bewerten und unterschiedliche Wahlmöglichkeiten für verschiedene Personen gleich gut sein können. In Abschnitt 9.1 ist diskutiert worden, wie der Wert der Wahlmöglichkeiten interpersonell verglichen werden kann. Abschnitt 9.3 hat gezeigt, daß die Bewertung zeitlich invariant sein muß. Der verbleibende Schritt ist nun zu erläutern, welche Zuteilung der Verfügungsrechte über die Generationen hinweg gleiche Wahlfreiheit gewährleisten kann.

In der normativen Ökonomik sind Rechte im Anschluß an Sen (1970b) als Entscheidungsbefugnisse (*deciciveness*) formuliert worden. Ein Recht zu haben, bedeutet in dieser Formulierung, zwischen mindestens zwei gesellschaftlichen Situationen entscheiden zu können. Typischerweise ist dabei an Entscheidungen zwischen solchen Situationen gedacht, die sich nur im Hinblick auf

Aspekte unterscheiden, die zur privaten Sphäre einer Person gehören. Es ist daher naheliegend, die Zuweisung von Ressourcenverfügungsrechten in diesem Rahmen zu betrachten, der als "Social-Choice-Formulierung von Rechten" bezeichnet wird. Das würde bedeuten, daß (i) Eigentumsrechte als Handlungsrechte aufzufassen und (ii) die Handlungsrechte als Entscheidungsbefugnisse über gesellschaftliche Situationen zu verstehen wären. Die für Person i wählbaren Alternativen $x \in A$ sind als vollständige Beschreibungen der Welt zu verstehen. Nach der Social-Choice-Formulierung können wir daher die einer Person zugeordneten Wahlmöglichkeiten A als ihre Rechte auffassen. Bei dieser Interpretation folgt die Zuteilung der Rechte, die leximin-gerechte Wahlfreiheit für alle garantiert, unmittelbar aus den Betrachtungen in Abschnitt 9.1: Die Begriffe "Wahlfreiheit" und "Rechte" fallen zusammen. Damit könnten wir unsere Betrachtungen abschließen.

Allerdings birgt die Social-Choice-Formulierung von Rechten erhebliche Schwierigkeiten.[15] In den letzten Jahren ist daher der

---

15 Gibbard (1974) hat gezeigt, daß die Social-Choice-Formulierung von Rechten inkonsistent ist, bzw. zu einem Unmöglichkeitsresultat führt. Gibbard formuliert die beiden Bedingungen, daß (i) beliebige Präferenzen zugelassen sind (*unrestricted domain*) und daß (ii) Situationen, die sich nur in Aspekten der Privatsphäre einer Person unterscheiden, nur von dieser Person zu entscheiden sind (*liberalism*). Beide Bedingungen sind unvereinbar. Um dies zu sehen, betrachte man eine zwei-Personen-Gesellschaft. Beide Personen haben die Möglichkeit, ein rotes r oder ein blaues b Hemd zu tragen. Wir nehmen zur Vereinfachung an, die Weltzustände seien durch die Farben der Hemden, die beide tragen, vollständig beschrieben. Der Zustand (r, b) beschreibt die Situation, in der Person 1 ein rotes und Person 2 ein blaues Hemd trägt; andere Situationen werden entsprechend gekennzeichnet. Gemäß Bedingung (ii) ordnen wir die Paare (r, b) und (b, b) der Entscheidungsbefugnis von Person 1 zu. Da beide Situationen sich nur in der Farbe des Hemdes von Person 1 unterscheiden, soll diese Entscheidung zu ihrer Privatsphäre gehören;

Game-form-Ansatz entwickelt bzw. weiterentwickelt worden.[16] Im *Game-form*-Ansatz werden Rechte als wählbare Strategien modelliert, nicht als Wahlmöglichkeiten zwischen verschiedenen gesellschaftlichen Situationen. Die Wahl einer Strategie bestimmt die gesellschaftliche Situation nur teilweise. Die vollständige Bestimmung erfolgt im Zusammenwirken der Handlungen aller Gesellschaftsmitglieder. *Game-forms* sollen im folgenden als "Rechtssysteme" bezeichnet werden. Formal ist ein Rechtssystem Γ durch folgende Merkmale gekennzeichnet:[17]

DEFINITION 9.1: Ein Rechtssystem Γ ist bestimmt durch

(i)   die Menge der Mitglieder der Gesellschaft
       $N = \{1, ..., i, j, ..., n\}$,

(ii)   eine Menge von Handlungsrechten (Strategien) S_i für
       jedes Individuum $i \in N$,

---

ebenso die Entscheidung zwischen (r, r) und (b, r). Dagegen gehören die Entscheidungen zwischen (r, b) und (r, r) sowie zwischen (b, b) und (b, r) zu den Rechten von Person 2. Gemäß Bedingung (i) sind folgende Präferenzen zugelassen:

Präferenzen von 1:	(r, r)	*Präferenzen von* 2:	(r, b)
	(b, b)		(b, r)
	(b, r)		(b, b)
	(r, b)		(r, r)

Bei der gegebenen Verteilung der Rechte kann Person 1 (r, b) und (b, r) ausschließen, während 2 (r, r) und (b, b) ausschließen kann. D.h. es gibt keinen wählbaren Zustand, der nicht die Rechte zumindest einer Person verletzt. Vgl. dazu auch Gaertner (1993) oder Kliemt (1996).

16 Vgl. Suzumura (1991), Gaertner et al. (1992), Gaertner (1993), Deb (1994), Pattanaik/Suzumura (1994) und (1996), Deb et al. (1997) und die Monographie von van Hees (1995). Grundlegende ältere Arbeiten sind Bernholz (1974), Nozick (1974, 164 ff), Gärdenfors (1981) und Sugden (1985).

17 Vgl. Gaertner et al. (1993, 173).

(iii) eine Menge von möglichen Ergebnissen X und

(iv) eine Funktion $G: S_1 \times ... \times S_n \to X$, die für jedes Strategien-
profil $(s_1, ..., s_n)$ mit $s_i \in S_i$ ein Ergebnis festlegt.

Das Problem, ein Rechtssystem zu bestimmen, das allen Individuen leximin-gerechte Wahlfreiheit bietet, nimmt damit eine
besondere Form an. Wie gut die Menge der Wahlmöglichkeiten S_i
für Person i ist, hängt in dieser Formulierung nämlich auch davon
ab, welche Handlungsrechte den anderen Mitgliedern der Gesellschaft zugeteilt werden. Verglichen mit der Social-Choice-Formulierung von Rechten ist die Bewertung der Auswahlmengen (S_i)
erschwert, da die Auswahl *nicht* direkt aus der Menge der Endzustände – d.h. aus der Menge der gesellschaftlichen Situationen –
getroffen werden kann, während die Objekte individueller Bewertung Endzustände bzw. Mengen von Endzuständen sind. Formal
gesehen ist die Wahlfreiheitsrelation R über der Menge aller
Teilmengen der möglichen Endzustände Ω definiert.

Die *Game-form*-Formulierung von Rechten erfordert also eine
Bewertung der Strategien S_i, die Person i im Rechtssystem Γ
zugeordnet werden. Diese Bewertung muß aus der Wahlfreiheitsrelation konstruiert werden. Ein erster Schritt zur Annäherung an
dieses Problem ist die Überlegung, wie die Bewertung ausfällt,
wenn Wohlfahrt als Wertbasis gesetzt würde. Die Strategien-
menge S_i hat dann den Wert der erwartbaren Wohlfahrt: Aus S_i
auswählen zu können, ist – unterstellt man rationale Entscheider – mindestens so gut wie das schlechteste Ergebnis möglicher
Kombinationen von rationalisierbaren Strategien in Γ.[18] Diese
Bewertung entspricht dem instrumentellen Wert der Wahlfreiheit.

---

18 Es ist nicht *a priori* klar, von welchem spieltheoretischen Lösungskon-
zept man ausgehen soll. Die schwächste Annahme ist, daß alle Spieler
eine rationalisierbare Strategie wählen. Vgl. Bernheim (1984) zum Begriff der Rationalisierbarkeit.

Er kann – analog zu den Ausführungen in Abschnitt 9.1 – durch
einen interpersonell vergleichbaren Wohlfahrtsindex u ausge-
drückt werden. Darüber hinaus muß aber der intrinsische Wert
der Wahlfreiheit Berücksichtigung finden, wenn wir autonome
Entscheider, d.h. Personen betrachten.

Der intrinsische Wert der Wahlfreiheit ist der von den Präferenzen unabhängige Wert, verschiedene Endresultate frei bestimmen zu können. Eine maximale intrinsische Wahlfreiheit ist für
Person i dann gegeben, wenn sie frei unter allen Endresultaten
$x \in X$ auswählen kann, d.h. wenn ihr für alle $x \in X$ Strategien zur
Verfügung stehen, so daß die Wahl einer Strategie den Zustand x
herbeiführt, und zwar unabhängig davon, was andere tun. Niemand außer i hat Einfluß auf den gesellschaftlichen Zustand, und i
kann daher ein Diktator genannt werden. Maximale intrinsische
Wahlfreiheit für i bedeutet zugleich minimale Freiheit für alle
anderen. Um die Frage zu beantworten, wie beliebige Strategiemengen im Hinblick auf intrinsische Wahlfreiheit verglichen
werden können, muß noch weitere Notation eingeführt werden.
Die Wahl einer Strategie $s_i \in S_i$ beschränkt in der Regel die Menge
der möglichen Zustände, d.h. i kann durch ihre Wahl bestimmte
Resultate ausschließen. Man kann daher sagen, daß jeder Strategie
s_i eine Partitionierung der Menge der Zustände X entspricht. Wir
beschreiben diese Partitionierung durch ein geordnetes Paar
$(A, \tilde{A})$, wobei A die Menge der weiterhin möglichen und $\tilde{A}$ die
Menge der durch die Wahl der Strategie s_i ausgeschlossenen Zustände bezeichnet. Den Handlungsrechten einer Person S_i entspricht also eine Menge von Paaren der Form $(A, \tilde{A})$. Im *Game-
form*-Ansatz muß die Wahlfreiheitsrelation über der Potenzmenge
aller denkbaren Partitionierungen $(A, \tilde{A})$ mit $A \subseteq X$, $A \neq \varnothing$ und
$\tilde{A} = X \backslash A$ definiert werden. Sie soll in diesem Fall mit R^Γ bezeich-

net werden.[19] Für R^Γ wird im folgenden ein einfach konstruierter Index vorgeschlagen, der dazu dient, Strategiemengen im Hinblick auf die intrinsische Wertkomponente der Wahlfreiheit zu vergleichen.

Der Index für R^Γ sei mit ρ bezeichnet. Um die Wahlfreiheitsrelation im *Game-form*-Ansatz und die Konstruktion von ρ zu erläutern, betrachten wir ein einfaches Rechtssystem Γ mit zwei Personen $N = \{1, 2\}$ und drei möglichen Endzuständen $X = \{x, y, z\}$. Für die Beurteilung des intrinsischen Werts der Wahlfreiheit spielen die Präferenzen der Personen über X keine Rolle. In diesem Fall gibt es sieben verschiedene Partitionierungen, denen Strategien korrespondieren, die wie folgt bezeichnet werden:

$$s_x\colon (\{x\}, \{y, z\}); \quad s_y\colon (\{y\}, \{x, z\}); \quad s_z\colon (\{z\}, \{x, y\});$$
$$s_{xy}\colon (\{x, y\}, \{z\}); \quad s_{xz}\colon (\{x, z\}, \{y\}); \quad s_{yz}\colon (\{y, z\}, \{x\});$$
$$s_{xyz}\colon (\{x, y, z\}, \varnothing).$$

Dabei ist z.B. s_{xy} die Strategie, bei der als Resultate nur noch x oder y möglich sind, während z durch die Wahl der Strategie s_{xy} ausgeschlossen werden kann. Die Menge aller Strategien (Partitionierungen) sei S. $S_i \subseteq S$ bezeichnet die Handlungsrechte von Person i. Die Wahlfreiheitsrelation R^Γ vergleicht also Strategiemengen, die Teilmengen von S sind, in bezug auf Wahlfreiheit. Die Konstruktion des Index ρ folgt nun der einfachen Idee, daß die Wahlfreiheit um so größer ist, je besser die Möglichkeiten sind, die Endresultate zu bestimmen. Gegeben die Strategiemenge S_i wird für jedes Endresultat bestimmt, ob bzw. in welchem Maße i dieses Resultat durch die Wahl einer geeigneten Strategie er-

---

19 R^Γ ist eine Generalisierung der in Kapitel 8 vorgestellten Wahlfreiheitsrelation R. Wir erhalten R, wenn wir den Definitionsbereich von R^Γ auf Partitionierungen beschränken, bei denen die verbleibenden Möglichkeiten ein-elementige Mengen sind, d.h. wenn wir nur Partitionierungen der Form $(\{x\}, X \setminus \{x\})$ betrachten.

zwingen kann. Betrachten wir z.B. $S_i = \{s_x, s_{yz}, s_{xyz}\}$, dann kann x durch die Wahl von s_x sicher erreicht werden; y kann dagegen nicht mit Sicherheit erreicht werden, die beste Annäherung an y bietet Strategie s_{yz}. Diese Strategie läßt als Resultate nur noch y und z zu. Setzen wir eine gleiche Wahrscheinlichkeit für beide Endresultate an, dann ergibt sich als beste Wahrscheinlichkeit, y zu erreichen, 1/2. Das gleiche gilt für z. Der Index ρ ergibt sich nun als Produkt der Wahrscheinlichkeiten, mit denen die einzelnen Resultate erreicht werden können. Für dieses Beispiel erhält man $\rho(S_i) = 1 \cdot 1/2 \cdot 1/2 = 1/4$.

Für endliche Mengen X und eine beliebige Strategiemenge S_i, der eine Menge von Partitionierungen der Form $(A, \tilde{A})$ entspricht, ergibt sich

DEFINITION 9.2: $\rho(S_i) = \prod_{x \in X} \dfrac{1}{\min\limits_{\{A \mid x \in A\}} |A|}$.

Dabei ist $\min\limits_{\{A \mid x \in A\}} |A|$ die Kardinalität der kleinsten Menge, die x enthält. Je größer $\min\limits_{\{A \mid x \in A\}} |A|$, desto geringer ist die Möglichkeit, das Endresultat auf x festzulegen. Für einen Diktator, der jedes beliebige Resultat auswählen kann, ist $\min\limits_{\{A \mid x \in A\}} |A| = 1$ für jedes $x \in X$. Er erhält damit den Wahlfreiheitsindex 1. Eine vollständig ohnmächtige Person, die über keine Strategie verfügt, mit der sie auch nur ein einziges Resultat ausschließen könnte, erhält den Wahlfreiheitsindex $(1/k)^k$, wobei k die Anzahl der Alternativen in X ist.

Die den einzelnen zugewiesenen Handlungsrechte können nun mit Hilfe des Wahlfreiheitsindex ρ beurteilt werden. Da ρ unabhängig von den Präferenzen bestimmt wird, wird dabei allerdings nur der intrinsische Wert der Wahlfreiheit berücksichtigt. Auch enthält ρ noch keine Bewertung der Verschiedenheit der einzel-

nen Alternativen.[20] Unter dieser Einschränkung läßt sich jetzt die
Frage beantworten, wie die Handlungsrechte verteilt werden müssen, damit sich eine leximin-gerechte Verteilung der Wahlfreiheit
ergibt. Zunächst enthält die Strategiemenge für alle Personen die
Strategie s_X, die der Partitionierung $(X, \emptyset)$ entspricht. Die Wahl
von s_X erhält alle Optionen für die anderen Mitglieder der Gesellschaft. Darüber hinaus ist das Rechtssystem so zu gestalten, daß
die jeweiligen Handlungsrechte kompatibel sind. Wenn etwa einer
Person das Recht s_y zugewiesen wird, dann kann niemand anders
das Recht s_z erhalten; denn beide Rechte könnten nicht unabhängig voneinander ausgeübt werden. Allgemeiner formuliert: Die
Optionen, die eine Person bei einer ihrer Strategien ausschließen
kann, können nicht in den Bereich der Rechte anderer gehören.
Formal müssen in einem Rechtssystem die zugewiesenen Rechte
compossible sein.[21] Die *compossibility*-Eigenschaft ist wie folgt definiert:

DEFINITION 9.3: Sei $(A_i, \tilde{A}_i)$ eine beliebige im Rechtssystem Γ
für $i \in N$ wählbare Partitionierung, dann hat Γ die *compossibility*-Eigenschaft genau dann, wenn
für alle $i \in N = \{1, 2, ..., n\}$ und alle $(A_i, \tilde{A}_i)$, die zu den Rechten
von i gehören, gilt, daß $A_1 \cap A_2 \cap ... \cap A_n \neq \emptyset$.

In Rechtssystemen, die die Definition 9.3 erfüllen, können die
Strategiemengen der einzelnen Individuen mit Hilfe des Index ρ
im Hinblick auf den intrinsischen Wert der Wahlfreiheit verglichen werden. Wir müssen aber darüber hinaus die Präferenzen der
Individuen berücksichtigen, d.h. den Wohlfahrtsindex u, der sich

---

20 Der Index ρ bezieht sich somit auf den von Pattanaik/Xu (1990) expli-
    zierten intrinsischen Wert der Wahlfreiheit; vgl. S. 139 ff.
21 Vgl. Steiner (1994) für die philosophische Diskussion eines solchen
    Rechtssystems. Gärdenfors (1981) formuliert eine ähnliche Bedingung.

für jede Person i im gegebenen Rechtssystem ergibt.[22] Beide Wertkomponenten (gemessen durch ρ und u) können, mit geeigneten
Gewichtungsfaktoren versehen, additiv verknüpft werden, da sie
unabhängig voneinander konstruiert worden sind. Die Gewichtungsfaktoren bestimmen sich durch das relative Gewicht, das der
Autonomie im Vergleich zur Wohlfahrt zukommt. Somit ergibt
sich für jedes Rechtssystem ein Wahlfreiheitsindex für jede Person, so daß unter den möglichen Rechtssystemen das leximin-
gerechte bestimmt werden kann.

Der letzte verbleibende Argumentationsschritt ergibt sich aus
der einfachen Einsicht, daß alle Handlungsrechte, damit sie wirksam werden können, mit Ressourcennutzungsrechten verbunden
werden müssen. Der hier entwickelte Begriff eines Rechtssystems
sieht Rechte als ausführbare Rechte an. Die zur Ausübung eines
Rechts notwendigen Mittel sind gewissermaßen konstitutiv für
das Haben eines Rechts. Die Freiheiten, die das Rechtssystem bietet, dürfen nicht nur formale Freiheiten sein, sondern müssen
reale Handlungsmöglichkeiten eröffnen.[23] Reale Handlungsmöglichkeiten erfordern Ressourcen. Die Zuweisung von Handlungsrechten im Rechtssystem Γ ist daher mit entsprechenden Zuwei-
sungen von Ressourcenverfügungsrechten verbunden, die die
entsprechenden Handlungen ermöglichen. Das bedeutet, daß die
Ausgestaltung des Rechtssystems der Knappheit unterworfen ist.
Rechte kann es nur in einem Umfang geben, wie es die Ressourcenbasis – bestehend aus erneuerbaren und nicht-erneuerbaren
Ressourcen – erlaubt.

Welche Ressourcennutzungspfade bei einer intergenerationell
leximin-gerechten Verteilung der Wahlfreiheit erlaubt sind, hängt
von der Struktur der Ökonomie ab, die wir betrachten. In einer
stationären Ökonomie, die über eine erneuerbare Ressource ver-

---

22 Siehe S. 122.
23 Vgl. Sen (1994) für eine ähnliche Sichtweise.

fügt, gewährleistet eine gleiche Ressourcenentnahme gleiche
Wahlfreiheit, wenn sie den *maximum sustainable yield* nicht über-
steigt. Betrachten wir eine Ökonomie, in der außerdem k unteil-
bare Einheiten einer nicht-erneuerbare Ressource zur Verfügung
stehen, dann können diese unter k beliebigen Generationen verteilt werden. Diese können, müssen aber nicht die ersten k Generationen sein.[24] Lassen wir die Annahme einer stationären Wirtschaft fallen, dann können neue Technologien neue Wahlmöglichkeiten schaffen, die eine Verminderung des Ressourcenbestands substituieren können. Entscheidend ist, daß für zukünftige
Generationen nicht nur *eine* gleich gute Option verbleibt, sondern
eben eine gleich gute Auswahl aus einer Menge von Optionen.

Den Unterschied in der Wertbasis zwischen dem hier vorgestellten Ansatz und der traditionellen Ressourcenökonomik kann
man beispielhaft so verdeutlichen: Selbst wenn die Mitglieder zukünftiger Generationen indifferent sind, ihren Urlaub im
Yellowstone Park oder im Yosemite Park zu verbringen – beide
Optionen stiften die gleiche Wohlfahrt –, so müssen wir doch
beide Parks erhalten, um nicht ihre Wahlmöglichkeiten zu
vermindern.

---

24 Die Annahme, von unteilbaren Einheiten auszugehen, vermeidet das
   Problem, unendlich vielen Generationen je eine beliebig kleine Ressourcenmenge zuteilen zu müssen.

10. Schlußbetrachtung

10.1 Zusammenfassung und Schlußfolgerung

Wissenschaftliche und technische Fortschritte haben die Handlungsmöglichkeiten der Menschen erweitert. Aber unser Handeln ist an Ressourcen gebunden, und eine Verknappung der Ressourcen kann zur Folge haben, daß geschaffene Handlungsspielräume und Freiheiten in der Zukunft wieder verloren gehen.

In dieser Arbeit wird eine Theorie intergenerationeller Gerechtigkeit entworfen. Dazu wird einmal die Idee verteidigt, Gerechtigkeit als Gleichheit zu rekonstruieren. Zweitens wird die dann folgende Frage "Gleichheit von was?" zugunsten des Begriffs der Wahlfreiheit beantwortet. Intergenerationelle Gerechtigkeit verlangt also, den zukünftigen Generationen gleich gute Wahlmöglichkeiten zu hinterlassen. Dazu müssen Wahlmöglichkeiten bewertet werden. Eine traditionelle ressourcenökonomische Analyse würde sich dabei auf das Konzept des Erwartungsnutzens bzw. der erwarteten Wohlfahrt beziehen. Diese traditionelle Wertbasis normativer Analyse wird hier erweitert, weil sie der Autonomie handelnder Personen nicht Rechnung trägt.

Die erwartete Wohlfahrt ist nur eine von zwei Wertkomponenten, die zur Beurteilung intergenerationeller Verteilungen herangezogen werden müssen. Die zweite Komponente ist die Freiheit des Individuums. In vielen wirtschaftswissenschaftlichen Abhandlungen ist die Berücksichtigung des Werts der Freiheit auf Vorwort und Einleitung beschränkt, während die eigentliche ökonomische Analyse allein auf das Wohlfahrtskonzept zurückgreift. Um diese unbefriedigende Situation zu überwinden, muß der Begriff der Freiheit operationa-

lisiert werden. Nur dann kann er in ökonomische Analysen ein-
gebunden werden. Deswegen wird Freiheit hier als die Menge
realer Handlungsoptionen aufgefaßt, die einem Individuum zur
Verfügung stehen. Je zahlreicher und – vor allem – je vielfältiger
diese Handlungsoptionen oder Wahlmöglichkeiten sind, um so
größer ist die Freiheit der Person. Intergenerationelle Gerechtigkeit erfordert daher *nicht*, daß die Ressourcenbasis, die wir hinterlassen, den Zukünftigen ein bestimmtes Wohlfahrtsniveau
ermöglicht, sondern sie muß den Zukünftigen die Möglichkeit zu
freien Entscheidungen eröffnen. Bei der Bewertung der Entscheidungsfreiheit sind Vielfalt und die erreichbare Wohlfahrt zu
berücksichtigen. Beide Wertdimensionen werden unter dem
Begriff der Wahlfreiheit zusammengebracht. Gleiche Wahlfreiheit
für zukünftige Generationen zu gewährleisten, verlangt, Vielfalt
zu erhalten. Vielfältige Technologien und ein flexibler Kapitalstock bieten größere Entscheidungsfreiheit als eine Technologie,
die einen großen Teil der Ressourcen und der menschlichen Ar-
beitskraft in bestimmte Verwendungen zwingt. Vielfalt in Natur
und Kultur zu erhalten, gehört daher zu den Pflichten jeder Generation.

Zwei Einschränkungen sind jedoch zu vermerken. Erstens
können Wohlfahrt und Vielfalt in einem Zielkonflikt stehen. Eine
Flexibilisierung des Kapitalstocks (Natur-, Maschinen- und
Humankapital) kann durchaus mit einem Verlust an erwarteter
Wohlfahrt verbunden sein.[1] Wohlfahrt und Freiheit sind gegeneinander zu wägen. Zweitens ist der Gleichheitsgrundsatz in einer
strengen Form unplausibel, da er mögliche Pareto-Verbesserungen
ausschließt. Abweichungen vom Prinzip gleicher Wahlfreiheit
sind daher zugelassen, wenn niemandes Wahlfreiheit dadurch ein-
geschränkt wird. Folglich wird der Gleichheitsgrundsatz ge-

---

1 Eine vergleichbare Idee diskutieren Dixit/Stiglitz (1977) im Kontext der
Produktdifferenzierung.

lockert, und an seine Stelle wird das Leximin-Prinzip gesetzt.
Nach dem intergenerationellen Leximin-Prinzip wird von zwei
Ressourcennutzungspfaden – bzw. den damit verbundenen Wahl-
freiheitspfaden – derjenige gewählt, der die größere Wahlfreiheit
für die jeweils schlechtestgestellte Generation bietet. Sind beide
Pfade in dieser Hinsicht gleich, entscheidet die Wahlfreiheit der
jeweils am zweitschlechtest gestellten Generation usf. Wenn die
nicht-erneuerbaren Ressourcen substituiert werden können, wenn
also hinreichend gewährleistet ist, Wahlmöglichkeiten intertemporal zu verschieben, dann ist das Leximin-Prinzip mit dem
Nachhaltigkeitsgrundsatz identisch. Der Nachhaltigkeitsgrundsatz
verlangt – wenn er auf die Wertbasis der Wahlfreiheit bezogen
wird – daß die Wahlfreiheit über die Zeit hinweg nicht abnehmen
darf.

Wahlfreiheit ist zunächst ein Wertkonzept für einzelne Personen. Um gesellschaftliche Situationen bzw. Entwicklungen vergleichen zu können, muß Wahlfreiheit interpersonell, intertemporal und in verschiedenen Situationen vergleichbar sein. Die
Aggregation der Wahlfreiheit in der personalen, der zeitlichen
und der Risikodimension wirft vielfältige Probleme auf. Nach
dem Prinzip des methodologischen Individualismus müssen aber
alle Vergleiche auf den vergleichenden Einschätzungen der Individuen beruhen. Jede gesellschaftliche Einschätzung der relativen
Vorzüglichkeit der einen oder anderen Situation, des ein oder
anderen Projekts ist ein Aggregat der Einschätzungen der Einzelnen. Die Individuen sind die letzte wertende Instanz. Wie die
unterschiedlichen Bewertungen der Einzelnen zu Regeln kollektiven Handelns zusammengeführt werden können, dafür ist hier
ein Theorierahmen vorgestellt worden. Diesen Rahmen im Detail
auszufüllen oder ihn gegebenenfalls zu modifizieren, muß Gegenstand nachfolgender Arbeiten bleiben.

10.2 Offene Fragen

Die normative Ökonomik kann nicht mehr auf Wohlfahrtsökonomik reduziert werden. Andere Werte, insbesondere Rechte und
Freiheiten, fordern ihre Berücksichtigung. Die hier entwickelte
Konzeption intergenerationeller Gerechtigkeit beruht auf der
Zuweisung von Ressourcennutzungsrechten, die mit einer leximin-gerechten Verteilung der Wahlfreiheit verbunden ist. Damit
sind aber keineswegs alle Fragen der Zuweisung von Rechten in
einer Gesellschaft beantwortet. Das paretianisch-liberale Paradox
behält seine Gültigkeit.[2] Allerdings teile ich die Hoffnung von
Gaertner (1999, 23):

> "Through the game form approach, the question of how to
> incorporate rights into the theory of collective choice has
> received new and wider attention, and the hope is that a
> positive theory of rights will develop from this alternative
> formulation".

Ein besseres Verständnis, worin der Wert freier Auswahlentschei-
dungen besteht, erfordert es, ein komplexeres Bild eines Entscheiders zu entwerfen als das, über das die Ökonomik in Gestalt des
homo oeconomicus verfügt. Ein solches Bild, das man eine
(ökonomische) Theorie der Person nennen könnte, muß mindestens zwei Ergänzungen zum *homo oeconomicus* enthalten. Der
homo oeconomicus wird durch eine Präferenzordnung über Güterbündel oder über Weltzustände beschrieben. Eine Theorie der
Person muß Auskunft darüber geben, wie sich die Präferenzen
bilden, und welchen Einfluß eine Person auf die Formierung ihrer
Präferenzen nehmen kann. Zweitens wird zum Verständnis von
Entscheidungen mit langfristigen Wirkungen eine Theorie der
personalen Identität gebraucht. Die Rationalität der Diskontie-

---

2   Vgl. Suzumura (1996).

rung zukünftiger Erträge oder Kosten wird davon abhängen, wie eng die heutigen Werte eines Entscheiders mit den zukünftigen Werten verbunden sind. Fragen der Zeitkonsistenz[3] sind ohne eine Theorie der personalen Identität schwerlich zu beantworten.

Doch auch einige weniger grundsätzliche Fragen sind offen geblieben. Es sind Fragen, die sich erst aus der hier entwickelten Sicht der intergenerationellen Gerechtigkeit ergeben bzw. eine neue Formulierung erhalten. Erstens ist die Frage zu stellen, ob sich der Wert der Vielfalt in den Marktpreisen der Produkte widerspiegelt. Kann man, wenn Freiheit der Wahl geschätzt wird, erwarten, daß sich diese Wertschätzung in der Vielfalt der Angebote zeigt? Es ist zu erwarten, daß in bezug auf Vielfalt ein Marktversagen vorliegt, weil die Optionswerte[4] der nicht gewählten Alternativen nicht nachfragewirksam werden. Auch hat die Bereitstellung von Vielfalt den Charakter eines öffentlichen Gutes, was ebenfalls ein zu geringes Angebot erwarten läßt. Aber diese Frage erfordert sicher eine genauere Untersuchung.

Ein wichtiges Problem intergenerationeller Gerechtigkeit ist in dieser Arbeit völlig ausgeblendet worden, nämlich die Bevölkerungsentwicklung. Die Überlegungen gehen zumeist implizit von einer stationären Bevölkerung aus. Diese Annahme läßt sich für alle praktischen Erwägungen kaum verteidigen. Bei wachsender Bevölkerung bedeutet Leximin-Gerechtigkeit, daß die zukünftigen zahlenmäßig größeren Generationen einen entsprechend größeren Anteil der Verfügungsrechte beanspruchen können. Soweit besteht sicher ein praktisches, aber kein theoretisch-konzeptionelles Problem. Ein theoretisches Problem besteht allerdings insofern die Bevölkerungsentwicklung Gegenstand unserer (kollektiven) Entscheidungen und damit unserer Verantwortung ist. Bevölke-

---

3 Vgl. Hammond (1988).
4 Vgl. zum Begriff des Optionswerts den Surveyartikel von Bishop (1982).

rungsentwicklung und Ressourcenschutz sind deswegen eng miteinander verkoppelt.

Ein letzter hier noch anzusprechender Punkt ist das Problem der Implementierung. Wie kann eine intergenerationell gerechte Zuweisung von Verfügungsrechten durchgesetzt werden? Diese Frage stellt uns vor ein konstitutionelles Dilemma: Die faktische Entscheidungsmacht über die Ressourcenverfügung liegt immer bei der gegenwärtigen Generation. Eine Beschränkung der Verfügungsrechte zugunsten Dritter würde von rationalen Egoisten weder beschlossen noch durchgesetzt. Wir müssen daher die Prämisse setzen, daß die Entscheider Personen sind, die nicht nur ihrer Autonomie einen Wert beimessen, sondern auch einen Gerechtigkeitssinn entwickelt haben. Worin sonst könnte die motivierende Kraft einer normativen Ressourcenökonomik liegen, die Verpflichtungen gegenüber zukünftigen Generationen formuliert?

Liste der verwendeten mathematischen Symbole

R (P, I)	Präferenzrelation (strikte Präferenz, Indifferenz)
$\mathbf{R}$ ($\mathbf{P}$, $\mathbf{I}$)	Wahlfreiheitsrelation (strikt größere Wahlfreiheit, gleiche Wahlfreiheit)
$\varnothing$	leere Menge
$\{x\}$	Menge mit dem Element x
$x \in A$	x ist Element von A
$x \notin A$	x ist nicht Element von A
$A \setminus \{x\}$	A ohne x
$\cup$	Vereinigungsmenge
$\cap$	Schnittmenge
$\subseteq$	Teilmenge
$\subset$	echte Teilmenge
$|A|$	Zahl der Elemente der Menge A
$A \times B$	cartesisches Produkt: Menge aller Paare (x, y), wobei $x \in A$ und $y \in B$
$\{x \mid p\}$	Die Menge aller x mit der Eigenschaft p
$\min A$	Menge der kleinsten Elemente von A
$\max A$	Menge der größten Element von A
$\Rightarrow$	wenn, dann (logische Implikation)
$\Leftrightarrow$	genau dann, wenn (logisch gleichwertig)
$\mathbb{R}$, $\mathbb{R}^n$	Menge der reellen Zahlen, Menge aller reell-wertigen n-Tupel
$\mathbb{R}_0^+$	Menge der nicht-negativen reellen Zahlen
$f: X \to Y$	f ist eine Abbildung mit dem Definitionsbereich X und dem Wertebereich Y

Literatur*

Anscombe, F.J./Aumann, Robert J. (1963) A Definition of Subjective Probability. Annals of Mathematical Statistics 34, 199-205.

Arneson, Richard J. (1989) Equality and Equal Opportunity for Welfare. Philosophical Studies 56, 77-93.

Arneson, Richard J. (1990) Primary Goods Reconsidered. Noûs 24, 429-454.

Arrow, Kenneth J. (1973) Rawls's Principle of Just Saving. Swedish Journal of Economics 75, 323-335.

Arrow, Kenneth J. (1977) Extended Sympathy and the Possibility of Social Choice. American Economic Review (P&P) 67, 219-225.

Arrow, Kenneth J. (1995) A Note on Freedom and Flexibility. In: Basu, Kaushik/Pattanaik, Prasanta/Suzumura, Kotaro (eds.) Choice, Welfare, and Development: A Festschrift in Honour of Amartya K. Sen. Oxford: Clarendon. 7-16.

Arrow, Kenneth J./Fisher, Anthony C. (1974) Environmental preservation, uncertainty and irreversibility. Quarterly Journal of Economics 88, 312-319.

Arrow, Kenneth J./Hahn, Frank (1971) General competitive analysis. San Francisco: Holden Day.

d'Aspremont, Claude/Gevers, Louis (1977) Equity and the Informational Basis of Collective Choice. Review of Economic Studies 44, 199-209.

Barberá, Salvador/Pattanaik, Prasanta K. (1984) Extending an order on a set to the power set: some remarks on Kannai and Peleg's approach. Journal of Economic Theory 32, 185-191.

Bavetta, Sebastiano/del Seta, Marco (1997) Options, Opportunities and Constraints in the Measurement of Freedom of Choice. Mimeo.

Beckenbach, Frank/Diefenbacher, Hans (Hg., 1994) Zwischen Entropie und Selbstorganisation. Perspektiven einer ökologischen Ökonomie. Marburg: Metropolis.

---

* Die in Klammern gesetzte Jahreszahl gibt das Jahr der Erstveröffentlichung an. Wenn nach einer anderen Ausgabe zitiert wurde, beziehen sich die übrigen bibliographischen Daten auf die benutzte Ausgabe.

Beckerman, Wilfred (1994) "Sustainable Development": Is it a Useful Concept? Environmental Values 3, 191-209.

Beckermann, Ansgar (1985) Handeln und Handlungserklärungen. In: Beckermann, Ansgar (Hg.) Analytische Handlungstheorie. Band 2: Handlungserklärungen. Frankfurt/M.: Suhrkamp. 7-84.

Bentham, Jeremy (1789) An Introduction to the Principles of Morals and Legislation. Edited by J.H. Burns and H.L.A. Hart. London 1970: University of London, Athlone Press.

Bernheim, B. Douglas (1984) Rationalizable Strategic Behavior. Econometrica 52, 1007-1028.

Bernholz, Peter (1964) Konsumtivzins und Minderschätzung künftiger Bedürfnisse. Zeitschrift für Nationalökonomie 24, 244-255.

Bernholz, Peter (1965) Nochmals: Konsumtivzins und Minderschätzung künftiger Bedürfnisse. Korrektur und Erweiterung. Zeitschrift für Nationalökonomie 25, 176-181.

Bernholz, Peter (1974) Is a Paretian Liberal Really Impossible? Public Choice 20, 99-107.

Bernoulli, Daniel (1738) Exposition of a new theory on the measurement of risk. (Translation by Louise Sommer from the Latin: Specimen Theoriae Novae de Mensura Sortis. In: Commentarii Academiae Scientiarum Imperialis Petropolitanae V, 1738, 175-192.) Econometrica 22 (1954), 23-36.

Bianciardi, C./Tiezzi, E./Ulgiati, S. (1993) Complete recycling of matter in the frameworks of physics, biology and ecological economics. Ecological Economics 8, 1-5.

Binswanger, Mathias (1994) Das Entropiegesetz als Grundlage einer ökologischen Ökonomie. In: Beckenbach, Frank/Diefenbacher, Hans (Hg.) Zwischen Entropie und Selbstorganisation. Perspektiven einer ökologischen Ökonomie. Marburg: Metropolis. 155-200.

Birnbacher, Dieter (1977) Rawls' "Theorie der Gerechtigkeit" und das Problem der Gerechtigkeit zwischen den Generationen. Zeitschrift für philosophische Forschung 31, 385-401.

Birnbacher, Dieter (1988) Verantwortung für zukünftige Generationen. Stuttgart: Reclam.

Bishop, Richard C. (1982) Option Value: An Exposition and Extension. Land Economics 58, 1-15.

Böhm-Bawerk, Eugen von (1889) Positive Theorie des Kapitales. Innsbruck: Verlag der Wagner'schen Universitäts-Buchhandlung.

Bossert, Walter (1989) On the extension of preferences over a set to the power set. Journal of Economic Theory 49, 84-92.

Bossert, Walter/Pattanaik, Prasanta/Xu, Yongsheng (1994) Ranking Opportunity Sets: An Axiomatic Approach. Journal of Economic Theory 63, 326-345.

Brennan, Geoffrey/Buchanan, James M. (1985) Die Begründung von Regeln. dt. Übersetzung von: The Reason of Rules. (übersetzt von Monika Vanberg) Tübingen 1993: Mohr.

Broome, John (1990) Weighing Goods. Oxford: Blackwell.

Broome, John (1991) "Utility". Economics and Philosophy 7, 1-12.

Broome, John (1993) A cause of preference is not an object of preference. Social Choice and Welfare 10, 57-68.

Broome, John (1994) Discounting the Future. Philosophy and Public Affairs 23, 128-156.

Brunner, Johann K. (1989) Theory of Equitable Taxation. Berlin: Springer.

Buchanan, James M. (1975) The Limits of Liberty. Between Anarchy and Leviathan. Chicago: University of Chicago Press.

Buchanan, James M./Tullock, Gorden (1962) The calculus of consent. Ann Arbor: University of Michigan Press.

Buchholz, Wolfgang (1980) Intergenerational Equity, a Savings Investment Rule, and the Efficient Allocation of an Exhaustible Resource. A Note Concerning Papers of Solow and Hartwick. Jahrbücher für Nationalökonomie und Statistik 195, 271-274.

Buchholz, Wolfgang (1984) Intergenerationelle Gerechtigkeit und erschöpfbare Ressourcen. Volkswirtschaftliche Schriften 345. Berlin: Duncker & Humblot.

Bush, Winston C. (1972) Individual Welfare in Anarchy. In: Tullock, Gordon (ed.) Explorations in the Theory of Anarchy. Blacksburg, Virginia: Center for the Study of Public Choice. 5-18.

Cabeza Gutés, Maite (1996) The concept of weak sustainability. Ecological Economics 17, 147-156.

Callicott, J. Baird (1984) Non-Anthropocentric Value Theory and Environmental Ethics. American Philosophical Quarterly 21, 299-309.

Callicott, J. Baird (1987) The Conceptual Foundations of the Land Ethic. In: Callicott, J. Baird (ed.) Companion to "A Sand County Almanac". Madison: University of Wisconsin Press. 186-217.

Carlowitz, Hanns Carl von (1713) Sylvicultura oeconomica oder haußwirthschaftliche Nachricht und Naturmäßige Anweisung zur wilden Baum Zucht. Leipzig.

Chichilnisky, Graciela (1996) An Axiomatic Approach to Sustainable Development. Social Choice and Welfare 13, 231-257.

Clawson, Marion/Sedjo, Roger (1984) History of Sustained-Yield Concept and Its Application to Developing Countries. In: Steen (ed.) History of Sustained Yield Forestry: A Symposium. Portland, Oregon: Western Forestry Center. 3-15.

Cohen, Gerald A. (1977) Robert Nozick and Wilt Chamberlain: How Patterns Preserve Liberty. Erkenntnis 11, 81-95.

Cohen, Gerald A. (1989) On the Currency of Egalitarian Justice. Ethics 99, 906-944.

Cohen, Gerald A. (1995) Self-ownership, freedom, and equality. Cambridge: Cambridge University Press.

Converse, A.O. (1996) On complete recycling. Ecological Economics 19, 193-194.

Cooter, Robert D./Rappoport, Peter (1984) Were the Ordinalists Wrong About Welfare Economics? Journal of Economic Literature 22, 507-530.

Cornes, Richard/Sandler, Todd (1986) The Theory of Externalities, Public Goods, and Club Goods. Cambridge: Cambridge University Press.

Costanza, Robert/Daly, Herman E./Bartholomew, Joy A. (1991) Goals, Agenda, and Policy Recommendations for Ecological Economics. In: Costanza, Robert (ed.) Ecological Economics. New York: Columbia University Press. 1-20.

Cowen, Tyler (1997) Discounting and Restitution. Philosophy and Public Affairs 26, 168-185.

Daly, Herman E./Townsend, Kenneth N. (eds., 1993) Valuing the Earth. Cambridge, Mass.: MIT Press.

Dasgupta, Partha/Heal, Geoffrey (1979) Economic Theory and Exhaustible Resources. Cambridge: Cambridge University Press.

Dasgupta, Partha/Mäler, Karl-Göran (1995) Poverty, Institutions and the Environmental Resource-Base. In: Behrman, Jere/Srinivasan, T.N. (eds.) Handbook of Development Economics. Vol. IIIA. Amsterdam: North-Holland. 2371-2463.

Deb, Rajat (1994) Waiver, Efficiency and Rights as Game Forms. Economica 61, 167-178.

Deb, Rajat/Pattanaik, Prasanta K./Razzolini, Laura (1997) Game Forms, Rights and the Efficiency of Social Outcomes. Journal of Economic Theory 72, 74-95.

Debreu, Gerard (1959) Theory of value. New York: Wiley.

Deschamps, Robert/Gevers, Louis (1978) Leximin and Utilitarian Rules: A Joint Characterization. Journal of Economic Theory 17, 143-163.

Diamond Peter A./Hausman, Jerry A. (1994) Contingent Valuation: Is Some Number Better than No Number? Journal of Economic Perspectives 8(4), 45-64.

Dingler, Hugo (1955) Die Ergreifung des Wirklichen. Kapitel I-IV. Frankfurt, 1969: Suhrkamp.

Dixit, Avinash K./Pindyck, Robert S. (1994) Investment under Uncertainty. Princeton: Princeton University Press.

Dixit, Avinash K./Stiglitz, Joseph (1977) Monopolistic Competition and Optimum Product Diversity. American Economic Review 67, 297-308.

Dworkin, Ronald (1981a) What is Equality? Part 1: Equality of Welfare. Philosophy and Public Affairs 10, 185-246.

Dworkin, Ronald (1981b) What is Equality? Part 2: Equality of Resources. Philosophy and Public Affairs 10, 283-345.

Ebeling, Werner (1991) Modelle der Selbstorganisation in ökologischen und ökonomischen Systemen. In: Beckenbach, Frank (Hg.) Die ökologische Herausforderung für die ökonomische Theorie. Marburg: Metropolis. 341-347.

Edgeworth, Francis Ysidro (1881) Mathematical Psychics. An Essay on the Application of Mathematics to the Moral Sciences. Reprinted New York 1967: Kelly.

El Serafy, Salah (1991) The Environment as Capital. In: Costanza, Robert (ed.) Ecological Economics: The Science and Management of Sustainability. New York: Columbia University Press. 168-175.

Elster, Jon (1983) Sour Grapes. Cambridge: Cambridge University Press.

Elster, Jon/Roemer, John E. (eds., 1991) Interpersonal Comparisons of Well-Being. Cambridge: Cambridge University Press.

Endres, Alfred/Querner, Immo (1993) Die Ökonomie natürlicher Ressourcen. Darmstadt: Wissenschaftliche Buchgesellschaft.

Endres, Alfred/Radke, Volker (1998) Zur theoretischen Struktur von Indikatoren einer nachhaltigen Entwicklung. Zeitschrift für Wirtschafts- und Sozialwissenschaften 118, 295-313.

Faber, Malte/Proops, John L.R. (1990) Evolution, Time, Production and the Environment. Berlin: Springer.

Feinberg, Joel (1966) Duties, Rights, and Claims. American Philosophical Quarterly 3, 137-144.

Fishburn, Peter C. (1984) Comment on the Kannai–Peleg impossibility theorem for extending orders. Journal of Economic Theory 32, 176-179.

Fisher, Anthony C./Hanemann, W. Michael (1987) Quasi-option Value: Some Misconceptions Dispelled. Journal of Environmental Economics and Management 14, 183-190.

Fisher, Anthony C./Krutilla, John V. (1974) Valuing Long Run Ecological Consequences and Irreversibilities. Journal of Environmental Economics and Management 1, 96-108.

Fleurbaey, Marc (1994) On Fair Compensation. Theory and Decision 36, 277-307.

Fleurbaey, Marc (1995) Equal Opportunity or Equal Social Outcome? Economics and Philosophy 11, 25-55.

Frankfurt, Harry G. (1988) The importance of what we care about. Philosophical essays. Cambridge: Cambridge University Press.

Frisch, Ragnar (1932) New methods of measuring marginal utility. Beiträge zur Ökonomischen Theorie 3. Tübingen: Mohr.

Gärdenfors, Peter (1976) Manipulation of social choice functions. Journal of Economic Theory 13, 217-228.

Gärdenfors, Peter (1981) Rights, games and social choice. Noûs 15, 341-356.

Gaertner, Wulf (1993) Rights and Game Forms, Types of Preference Orderings, and Pareto Inefficiency. In: Diewert, W. Erwin/Spremann, Klaus/Stehling, Frank (eds.) Mathematical Modelling in Economics. Essays in Honor of Wolfgang Eichhorn. Berlin: Springer. 177-187.

Gaertner, Wulf (1999) The Theory of Social Choice Since 1951. Jahrbücher für Nationalökonomie und Statistik 219, (im Druck).

Gaertner, Wulf/Pattanaik, Prasanta K./Suzumura, Kotaro (1992) Individual Rights Revisited. Economica 59, 161-177.

Gean, William D. (1965/66) Reasons and Causes. Review of Metaphysics 19, 667-688.

Geanakoplos, John (1987) Overlapping generations model of general equilibrium. in Eatwell, John/Milgate, Murray/Newman, Peter (eds.) The New Palgrave, Vol.III. London/Basingstoke: Macmillan. 767-779.

Georgescu-Roegen, Nicholas (1971) The Entropy Law and the Economic Process. Cambridge, Mass.: Harvard University Press.

Gibbard, Allan (1974) A Pareto-Consistent Libertarian Claim. Journal of Economic Theory 7, 388-410.

Goodin, Robert E. (1986) Laundering Preferences. In: Elster, Jon/Hylland, Aanund (eds.) Foundations of Social Choice Theory. Cambridge: Cambridge University Press. 75-101.

Gossen, Hermann Heinrich (1854) Entwicklung der Gesetze des menschlichen Verkehrs und der daraus fließenden Regeln für menschliches Handeln. 3. Auflage, Berlin 1927: R.L. Prager.

Gowdy, John M. (1994) Coevolutionary Economics: The Economy, Society and the Environment. Boston: Kluwer.

Griffin, James (1986) Well-Being. Its Meaning, Measurement, and Moral Importance. Oxford: Clarendon Press.

Grout, Paul (1977) A Rawlsian Intertemporal Consumption Rule. Review of Economic Studies 44, 337-346.

Güth, Werner/Schmittberger, Rolf/Schwarze, Bernd (1982) An Experimental Analysis of Ultimatum Bargaining. Journal of Economic Behavior and Organisation 3, 367-388.

Hammond, Peter J. (1976a) Changing Tastes and Coherent Dynamic Choice. Review of Economic Studies 43, 159-173.

Hammond, Peter J. (1976b) Equity, Arrow's Conditions, and Rawls's Difference Principle. Econometrica 44, 793-804.

Hammond, Peter J. (1988) Consequentialist Foundations of Expected Utility. Theory and Decision 25, 25-78.

Hampicke, Ulrich (1991a) Naturschutz-Ökonomie. Stuttgart: Ulmer.

Hampicke, Ulrich (1991b) Neoklassik und Zeitpräferenz - der Diskontierungsnebel. In: Beckenbach, Frank (Hg.) Die ökologische Herausforderung für die ökonomische Theorie. Marburg: Metropolis.127-149.

Harel, Alon/Nitzan, Shmuel (1987) The Libertarian Resolution of the Paretian Liberal Paradox. Zeitschrift für Nationalökonomie 47, 337-352.

Harrod, Roy F. (1948) Towards a Dynamic Economics. Reprinted 1956. London: Macmillan.

Harsanyi, John C. (1953) Cardinal Utility in Welfare Economics and the Theory of Risk-Taking. Journal of Political Economy 61, 434-435.

Harsanyi, John C. (1955) Cardinal Welfare, Individualistic Ethics, and Interpersonal Comparisons of Utility. Journal of Political Economy 63, 309-321.

Harsanyi, John C. (1977) Rational behaviour and bargaining equilibrium in games and social situations. Cambridge: Cambridge University Press.

Harsanyi, John C. (1982) Morality and the Theory of Rational Behavior. In: Sen, Amartya K./Williams, Bernard (eds.) Utilitarianism and beyond. Cambridge: Cambridge University Press. 39-62.

Hartwick, John M. (1977) Intergenerational Equity and the Investing of Rents from Exhaustible Resources. American Economic Review 67, 972-974.

Hartwick, John M. (1978) Substitution among exhaustible resources and inter-generational equity. Review of Economic Studies 45, 347-354.

Hartwick, John M./Olewiler, Nancy D. (1986) The Economics of Natural Resource Use. New York: Harper and Row.

Hausman, Daniel H./McPherson, Michael S. (1993) Taking Ethics Seriously: Economics and Contemporary Moral Philosophy. Journal of Economic Literature 31, 671-731.

Hayek, Friedrich August von (1960) The Constitution of Liberty. London: Routledge.

Heinemann, Volker (1994) Zur Überführbarkeit des Entropiebegriffes in die Ökonomie. In: Beckenbach, Frank; Diefenbacher, Hans (Hg.) Zwischen Entropie und Selbstorganisation. Perspektiven einer ökologischen Ökonomie. Marburg: Metropolis. 201-215.

Heiner, Ronald A./Packard, Dennis J. (1984) A uniqueness result for extending orders. Journal of Economic Theory 32, 180-184.

Hicks, John/ Allen, R.G.D. (1934) A Reconsideration of the Theory of Value. Economica 1, 52-76 and 196-219.

Hinterberger, Friedrich (1994) (Ko?)Evolution von Natur, Kultur und Wirtschaft. In: Beckenbach, Frank/Diefenbacher, Hans (Hg.) Zwischen Entropie und Selbstorganisation. Perspektiven einer ökologischen Ökonomie. Marburg: Metropolis. 317-347.

Hinterberger, Friedrich/Müller, Klaus/Petersen, Hans-Georg (1987) "Gerechte" Tariftypen bei alternativen Opfertheorien und Nutzenfunktionen. Finanzarchiv N.F. 45, 45-69.

Hobbes, Thomas (1651) Leviathan. Edited by C.B. Macpherson 1968. Reprinted Harmondsworth, 1987: Penguin Books.

Holzman, Ron (1984) An extension of Fishburn's theorem on extending orders. Journal of Economic Theory 32, 192-196.

Homann, Karl (1988a) Philosophie und Ökonomik. Bemerkungen zur Interdisziplinarität. Jahrbuch für Neue Politische Ökonomie 7, 99-127.

Homann, Karl (1988b) Rationalität und Demokratie. Tübingen: Mohr.

Hotelling, Harold (1931) The Economics of Exhaustible Resources. Journal of Political Economy 39, 137-175.

Houba, Harold/Weikard, Hans-Peter (1995) Interaction in Anarchy and the Social Contract: A Game-theoretic Perspective. Discussion paper TI 95-186. Amsterdam: Tinbergen Institute.

Houthakker, H.S. (1950) Revealed Preference and the Utility Function. Economica 17,159-174.

Howarth, Richard B. (1997) Sustainability as Opportunity. Land Economics, 73, 569-579.

Huxley, Aldous (1932): Brave New World. Nachdruck, Harmondsworth, 1969: Penguin.

Jevons, William Stanley (1871) The Theory of Political Economy. Edited by R.D. Collison Black. Harmondsworth, 1970: Pelican.

Justi, Johann Heinrich Gottlob von (1761) Gesammelte Politische und Finanzschriften über wichtige Gegenstände der Staatskunst, der Kriegswissenschaften und des Cameral- und Finanzwesens. Koppenhagen und Leipzig: Rothensche Buchhandlung. Neudruck, Aalen, 1970: Scientia Verlag.

Kannai, Yakar/Peleg, Bezalel (1984) A note on the extension of an order on a set to the power set. Journal of Economic Theory 32, 172-175.

Khalil, Elias L. (1990) Entropy Law and Exhausible Resources: Is Nicholas Georgescu-Roegen's Paradigm Defensible. Ecological Economics 2, 163-178.

Kirchgässner, Gebhard (1997) Nachhaltigkeit in der Umweltnutzung: Einige Bemerkungen. Zeitschrift für Umweltpolitik und Umweltrecht 20, 1-34.

Klemisch-Ahlert, Marlies (1993) Freedom of Choice: A Comparison of Different Rankings of Opportunity Sets. Social Choice and Welfare 10, 189-207.

Kliemt, Hartmut (1990) Papers on Buchanan and Related Subjects. München: Accedo.

Kliemt, Hartmut (1996) Das Paradox des Liberalismus - eine Einführung. Analyse & Kritik 18, 1-19.

Knight, Frank, H. (1921) Risk, Uncertainty and Profit. Reprinted New York 1965: Harper & Row.

Koboldt, Christian (1995) Ökonomik der Versuchung. Tübingen: Mohr.

Kolm, Serge-Christophe (1994) Rational normative economics vs 'social welfare' and 'social choice'. European Economic Review 38, 721-730.

Konrad, Kai A./Olson, Trond E./Schöb, Ronnie (1994) Resource Extraction and the Threat of Possible Expropriation: The Role of Swiss Bank Accounts. Journal of Environmental Economics and Management 26, 149-162.

Koopmans, Tjalling C. (1964) On the Flexibility of Future Preferences. In: Shelly, M.W./Bryan, G.L. (eds.) Human Judgements and Optimality. New York: Wiley. 243-254.

Kreps, David M. (1979) A Representation Theorem for "Preference for Flexibility" Econometrica 47, 565-577.

Kuhn, Thomas S. (1962) Die Struktur wissenschaftlicher Revolutionen. dt. Übersetzung von: The Structure of Scientific Revolutions. 2., revidierte und um das Postskriptum von 1969 ergänzte Auflage. Frankfurt 1976: Suhrkamp.

Krieger, Martin H. (1973) What's Wrong with Plastic Trees? Science 179, 446-455.

Lancaster, Kelvin J. (1966) A New Approach to Consumer Theory. Journal of Political Economy 74, 132-157.

Lang, Günther (1996) On Overlapping Generations Models with Productive Capital. Berlin: Springer.

Laslett, Peter (1992) Is There a Generational Contract? In: Laslett, Peter/Fishkin, James (eds.) Philosophy, Politics and Society: Series VI, Future Generations. New Haven: Yale University Press. 24-47.

Lazo, Jeffrey K./McClelland, Gary H./Schulze, William D. (1997) Economic Theory and Psychology of Non-Use Values. Land Economics 73, 358-371.

Le Grand, Julian (1991) Equity and Choice. London: Harper Collins.

Leopold, Aldo (1949) A Sand County Almanac. New York: Oxford University Press.

Lerch, Achim (1996) Verfügungsrechte und biologische Vielfalt. Eine Anwendung der ökonomischen Analyse der Eigentumsrechte auf die spezifischen Probleme genetischer Ressourcen. Marburg: Metropolis.

Locke, John (1690) The Second Treatise of Government. In: Two Treatises of Government. Edited by Peter Laslett. 2nd ed. Cambridge, 1967: Cambridge University Press.

Machina, Mark J. (1989) Choice under Uncertainty: Problems solved and Unsolved. In: Hey, John D. (ed.) Current Issues in Microeconomics. Houndmills, Basingstoke, Hampshire: Macmillan. 12-46, 277-279.

Marglin, Stephen A. (1963) The social rate of discount and the optimal rate of investment. Quarterly Journal of Economics 77, 95-111.

Marshall, Alfred (1890) Principles of Economics. Eighth edition, London 1956: Macmillan.

McKay, Alfred F. (1986) Extended Sympathy and Interpersonal Utility Comparisons. Journal of Philosophy 83, 305-322.

Möller, Rudolf (1983) Interpersonelle Nutzenvergleiche: wissenschaftliche Möglichkeit und politische Bedeutung Göttingen: Vandenhoeck und Ruprecht.

Mongin, Philippe/d'Aspremont, Claude (1998) Utility Theory and Ethics. In: Barberà, Salvador/Hammond, Peter J./Seidl, Christian (eds.) Handbook of Utility Theory. Volume I. Dordrecht: Kluwer. 371-481.

Moulin, Hervé/Roemer, John (1989) Public Ownership of the External World and Private Ownership of the Self. Journal of Political Economy 97, 347-367.

Mueller, Dennis C. (1974) Intergenerational Justice and the Social Discount Rate. Theory and Decision 5, 263-273.

Neher, Philip A. (1990) Natural resource economics. Conservation and Exploitation. Cambridge: Cambridge University Press.

Neumann, John von/Morgenstern, Oskar (1944) Theory of Games and Economic Behavior. Second edition, Princeton 1947: Princeton University Press.

Newbery, David M. (1990) Missing Markets: Consequences and Remedies. In: Hahn, Frank (ed.) The Economics of Missing Markets, Information, and Games. Oxford: Clarendon Press. 211-242.

Ng, Yew-Kwang (1971) The Possibility of a Paretian Liberal: Impossibility Theorems and Cardinal Utility. Journal of Political Economy 79, 1397-1402.

Ng, Yew-Kwang (1984) Quasi-Pareto Social Improvements. American Economic Review 74, 1033-1050.

Norgaard, Richard B. (1988) Sustainable Development: A Co-evolutionary View. Futures 20, 606-620.

Norgaard, Richard B./Howarth, Richard B. (1991) Sustainability and Discounting the Future. In: Costanza, Robert (ed.) Ecological Economics: The Science and Management of Sustainability. New York: Columbia University Press. 88-101.

Nozick, Robert (1974) Anarchy, State, and Utopia. Reprinted Oxford 1980: Basil Blackwell.

Nozick, Robert (1985) Interpersonal Utility Theory. Social Choice and Welfare 2, 161-179.

Nutzinger, Hans G. (1995) Von der Durchflußwirtschaft zur Nachhaltig-keit - Zur Nutzung endlicher Ressourcen in der Zeit. In: Biervert, Bernd/ Held, Martin (Hg.) Zeit in der Ökonomik. Frankfurt: Campus. 207-235.

Nutzinger, Hans G./Radke, Volker (1995) Das Konzept der nachhaltigen Wirtschaftsweise. In: Nutzinger, Hans G. (Hg.) Nachhaltige Wirt-schaftsweise und Energieversorgung. Marburg: Metropolis. 13-49.

Osborne, Martin J./Rubinstein, Ariel (1990) Bargaining and Markets. San Diego: Academic Press.

Page, Talbot (1982) Intergenerational Justice as Opportunity. In: MacLean, Douglas/Brown, Peter (eds.) Energy and the Future. Totowa: Rowman and Littlefield. 38-58.

Pattanaik, Prasanta K./Peleg, Bezalel (1984) An axiomatic characterization of the lexicographic maximin extension of an ordering over a set to the power set. Social Choice and Welfare 1, 113-122.

Pattanaik, Prasanta/Suzumura, Kotaro (1994) Rights, Welfarism and Social Choice. American Economic Review 84 (P&P), 435-439.

Pattanaik, Prasanta K./Suzumura, Kotaro (1996) Individual Rights and Social Evaluation: A Conceptual Framework. Oxford Economic Papers 48, 194-212.

Pattanaik, Prasanta/Xu, Yongsheng (1990) On Ranking Opportunity Sets in Terms of Freedom of Choice. Recherches Economiques de Louvain 56, 383-390.

Patzig, Günther (1983) Ethik ohne Metaphysik. Göttingen: Vandenhoeck und Ruprecht.

Pearce, David W. (1993) Economic Values and the Natural World. London: Earthscan.

Pearce, David W./Atkinson, Giles (1993) Capital Theory and the Measure-ment of Weak Sustainability. Ecological Economics 8, 103-108.

Pearce, David W./Atkinson, Giles (1995) Measuring Sustainable Develop-ment. In: Bromley, Daniel W. (ed.) Handbook of Environmental Economics. London. 166-181

Pearce, David W./Barbier, Edward/Markandya, Anil (1990) Sustainable Development. Aldershot: Edward Elgar.

Pearce, David W./Hamilton, K./Atkinson, Giles (1996) Measuring Sustain-able Development: Progress on Indicators. Environment and Deve-lopment Economics 1, 85-101.

Pearce, David W./Turner, R. Kerry (1990) Economics of Natural Resour-ces and the Environment. New York: Harvester Wheatsheaf.

Peleg, B./Yaari, Menahem E. (1973) On the Existence of a Consistent Course of Action when Tastes are Changing. Review of Economic Studies 40, 391-401.

Peters, Wiebke (1984) Die Nachhaltigkeit als Grundsatz der Forstwirtschaft, ihre Verankerung in der Gesetzgebung und ihre Bedeutung in der Praxis. Dissertation, Universität Hamburg.

Pezzey, John (1992) Sustainable Development Concepts: An Economic Analysis. World Bank Environment Paper No. 2. Washington, D.C.: The World Bank.

Pies, Ingo/Leschke, Martin (Hg., 1996) James Buchanans konstitutionelle Ökonomik. Tübingen: Mohr.

Pigou, Arthur Cecil (1920/32): The Economics of Welfare. Fourth edition, London 1932: Macmillan.

Pirscher, Frauke (1997) Möglichkeiten und Grenzen der Integration von Artenvielfalt in die ökonomische Bewertung vor dem Hintergrund ethischer Normen. Frankfurt: Lang.

Pressler, Jonathan (1987) Rights and Social Choice. Is there a Paretian Liberal Paradox? Economics and Philosophy 3, 1-22.

Puppe, Clemens (1995) Freedom of choice and rational decisions. Social Choice and Welfare 12, 137-153.

Putnam, Hilary (1981) Reason, Truth and History. Cambridge: Cambridge University Press.

Radkau, Joachim (1996) Beweist die Geschichte die Aussichtslosigkeit von Umweltpolitik? In: Kastenholz, Hans G./Erdmann, Karl-Heinz/Wolff, Manfred (Hg.) Nachhaltige Entwicklung. Berlin: Springer. 23-44.

Ramsey, Frank P. (1928) A Mathematical Theory of Saving. The Economic Journal 38, 543-559.

Rawls, John (1971) A Theory of Justice. Cambridge, Mass.: Harvard University Press.

Rawls, John (1982) Social unity and primary goods. In: Sen, Amartya K./ Williams, Bernard (eds.) Utilitarianism and beyond. Cambridge: Cambridge University Press. 159-185.

Regan, Donald H. (1980) Utilitarianism and Co-operation. Oxford: Clarendon Press.

Robbins, Lionel (1932) An Essay on the Nature and Significance of Economic Science. Second edition, London, 1935: Macmillan.

Roberts, Kevin (1997) Objective Interpersonal Comparisons of Utility. Social Choice and Welfare 14, 79-96.

Roemer, John E. (1982) Property relations vs. surplus value in Marxian exploitation. Philosophy and Public Affairs 11, 281-313.

Roemer, John E. (1985) Equality of Talent. Economics and Philosophy 1, 151-188.

Roemer, John E. (1996) Theories of Distributive Justice. Cambridge, Mass.: Harvard University Press.

Rubinstein, Ariel (1982) Perfect Equilibrium in a Bargaining Model. Econometrica 50, 207-211.

Ruse, Michael (1986) Taking Darwin Seriously. Oxford: Blackwell.

Samuelson, Paul A. (1938) A Note on the Pure Theory of Consumer's Behaviour. Economica 5, 61-71.

Samuelson, Paul A. (1958) An Exact Consumption-Loan Model of Interest with or without the Social Contrivance of Money. Journal of Political Economy 66, 467-482.

Savage, Leonard (1954) The Foundations of Statistics. New York: Wiley.

Scanlon, Thomas (1975) Preference and Urgency. Journal of Philosophy 72, 665-669.

Schumpeter, Joseph A. (1908) Wesen und Hauptinhalt der theoretischen Nationalökonomie. Nachdruck der ersten Auflage, Berlin 1970: Duncker & Humblot.

Sen, Amartya (1961) On Optimising the Rate of Saving. The Economic Journal 71, 479-496.

Sen, Amartya (1967) Isolation, Assurance and the Social Rate of Discount. Quarterly Journal of Economics 81, 112-124.

Sen, Amartya (1970a) Collective Choice and Social Welfare. San Francisco: Holden Day.

Sen, Amartya (1970b) The Impossibility of a Paretian Liberal. Journal of Political Economy 78, 152-157.

Sen, Amartya (1976) Liberty, Unanimity and Rights. Economica 43, 217-245.

Sen, Amartya (1979) Utilitarianism and Welfarism. Journal of Philosophy 76, 463-489.

Sen, Amartya (1980) Equality of What? In: McMurrin, Sterling M. (ed.) The Tanner Lecture on Human Values I. Cambridge: Cambridge University Press. 195-220.

Sen, Amartya (1982) Rights and Agency. Philosophy and Public Affairs 11, 3-39.

Sen, Amartya (1985) Commodities and Capabilities. Amsterdam: North-Holland.

Sen, Amartya (1988) Freedom of Choice - Concept and Content. European Economic Review 32, 269-294.

Sen, Amartya (1991) Welfare, Preference and Freedom. Journal of Econometrics 50, 15-29.

Sen, Amartya (1993) Capability and Well-being. In: Nussbaum, Martha/ Sen, Amartya (eds.) The Quality of Life. Oxford: Clarendon Press. 30-53.

Sen, Amartya (1994) Markets and the Freedom to Choose. In: Siebert, Horst (ed.) The Ethical Foundations of the Market Economy. Tübingen: Mohr. 123-138.

Sher, George (1992) Ancient Wrongs and Modern Rights. In: Laslett, Peter/Fishkin, James (eds.) Philosophy, Politics and Society: Series VI, Future Generations. New Haven: Yale University Press. 48-61.

Siebert, Horst (1983) Ökonomische Theorie natürlicher Ressourcen. Tübingen: Mohr.

Sinn, Hans-Werner (1980) Ökonomische Entscheidungen bei Ungewißheit. Tübingen: Mohr.

Skyrms, Brian (1996) Evolution of the Social Contract. Cambridge: Cambridge University Press.

Solow, Robert M. (1974) Intergenerational Equity and Exhaustible Resources. Review of Economic Studies (Symposium) 29-45.

Solow, Robert M. (1986) On the intergenerational allocation of natural resources. Scandinavian Journal of Economics 88, 141-149.

Solow, Robert M. (1993) Sustainabilty: An Economist's Perspective. In: Dorfman, Nancy/Dorfman, Robert (eds.) Economics of the Environment. New York: Norton. 179-187.

Spash, Clive L./Hanley, Nick (1995) Preferences, information and biodiversity preservation. Ecological Economics 12, 191-208.

Stackelberg, Heinrich von (1938) Beitrag zur Theorie des individuellen Sparens. Zeitschrift für Nationalökonomie 9, 167-200.

Stegmüller, Wolfgang (1973) Probleme und Resultate der Wissenschaftstheorie und Analytischen Philosophie. Band II, 2: Theorie und Erfahrung. Theorienstrukturen und Theoriendynamik. Berlin: Springer.

Steiner, Hillel (1994) An Essay on Rights. Oxford: Blackwell.

Stephan, Gunter (1995) Introduction into Capital Theory. Berlin: Springer.

Stephan, Gunter/Ahlheim, Michael (1996) Ökonomische Ökologie. Berlin: Springer.

Ströbele, Wolfgang (1987) Rohstoffökonomik. München: Vahlen.

Strotz, Robert (1955) Myopia and Inconsistency in Dynamic Utility Maximization. Review of Economic Studies 23, 165-180.

Sugden, Robert, (1985) Liberty, Preference, and Choice. Economics and Philosophy 1, 213-229.

Suzumura, Kotaro (1991) Alternative Approaches to Libertarian Rights in the Theory of Social Choice. In: Arrow, K.J. (ed.) Issues in Contemporary Economics, Vol I. Markets and Welfare. London: Macmillan. 215-242.

Suzumura, Kotaro (1996) Welfare, Rights, and Social Choice Procedure: A Perspective. Analyse & Kritik 18, 20-37.

Suzumura, Kotaro (1997) Interpersonal Comparisons of the Extended Sympathy Type and the Possibility of Social Choice. In: Arrow, Kenneth J./Sen, Amartya/Suzumura, Kotaro (eds.) Social Choice Re-examined, Vol. 2. Basingstoke: Macmillan. 202-229.

Toman, Michael A./Pezzey, John/Krautkraemer, Jeffrey (1995) Neoclassical Economic Growth Theory and "Sustainability". In: Bromley, Daniel W. (ed.) The Handbook of Environmental Economics. Oxford: Blackwell. 139-165.

Tully, James (1994) Aboriginal Property and Western Theory: Recovering a Middle Ground. Social Philosophy and Policy 11(2), 153-180.

Urmson, J.O. (1958) Saints and Heroes. In: Feinberg, Joel (ed.) Moral Concepts. Oxford: Oxford University Press. 60-73.

van der Veen, Robert J./Van Parijs, Philippe (1985) Entitlement Theories of Justice. From Nozick to Roemer and Beyond. Economics and Philosophy 1, 69-81.

van Hees, Martin (1995) Rights and Decisions. Formal Models of Law and Liberalism. Dordrecht: Kluwer.

Varian, Hal R. (1985) Dworkin on Equality of Resources. Economics and Philosophy 1, 110-125.

Weikard, Hans-Peter (1992) Der Beitrag der Ökonomik zur Begründung von Normen des Tier- und Artenschutzes. Eine Untersuchung zu praktischen und methodologischen Problemen der Wirtschaftsethik. Berlin: Duncker&Humblot.

Weikard, Hans-Peter (1993) Julian Le Grand: "Equity and Choice". Journal of Economics - Zeitschrift für Nationalökonomie 57 (1993), 117-119.

Weikard, Hans-Peter (1996) Soziale Diskontrate, intergenerationelle Gerechtigkeit und Wahlmöglichkeiten für zukünftige Generationen. In: Nutzinger, Hans-G. (Hg.) Naturschutz, Ethik, Ökonomie. Marburg: Metropolis. 155-170.

Weikard, Hans-Peter (1998a) On the Measurement of Diversity. Working Paper No. 9801, Institut für Finanzwissenschaft und Öffentliche Wirtschaft, Universität Graz.

Weikard, Hans-Peter (1998b) Wie können Verpflichtungen gegenüber zukünftigen Generationen vertragstheoretisch begründet werden? In: Gaertner, Wulf (Hg.) Wirtschaftsethische Perspektiven IV. Berlin: Duncker & Humblot. 195-211.

Weikard, Hans-Peter (1998c) Zur Legitimation privater Eigentumsrechte. In: Held, Martin/Nutzinger, Hans G. (Hg.) Eigentumsrechte verpflichten. Frankfurt: Campus. 109-125.

Weimann, Joachim (1995) Freifahrer im Test: - Ein Überblick über 20 Jahre Freifahrerexperimente. Ökonomie und Gesellschaft: Jahrbuch 12. Frankfurt/M.: Campus. 168-241.

Weisbrod, Burton A. (1964) Collective-Consumption Services of Individual-Consumption Goods. Quarterly Journal of Economics 78, 471-478.

Weitzman, Martin L. (1992) On Diversity. Quarterly Journal of Economics. 107, 363-405.

Weitzman, Martin L. (1993) What to Preserve? An Application of Diversity Theory to Crane Conservation. Quarterly Journal of Economics 108, 157-183.

Weitzman, Martin L. (1995) Diversity Functions. In: Perrings, Charles et al. (eds.) Biodiversity Loss. Economic and Ecological Issues. Cambridge: Cambridge University Press. 21-43.

Weizsäcker, Carl Christian von (1971) Notes on Endogenous Change of Tastes. Journal of Economic Theory 3, 345-372.

Weymark, John A. (1991) A reconsideration of the Harsanyi-Sen debate on utilitarianism. In: Elster, Jon/ Roemer, John E. (eds.) Interpersonal Comparisons of Well-Being. Cambridge: Cambridge University Press. 255-320.

Williams, Bernard A.O. (1973) A Critique of Utilitarianism. In: Smart, J.J.C./Williams, Bernard A.O.: Utilitarianism For and Against. Cambridge: Cambridge University Press. 77-150.

World Commission on Environment and Development (1987) Our Common Future - the 'Brundtland Report'. Oxford: Oxford University Press.

Wriglesworth, John L. (1985) Libertarian Conflicts in Social Choice. Cambridge: Cambridge University Press.

Yaari, Menahem E. (1978) Endogeneous Changes in Tastes. In: Gottinger, Hans W./Leinfellner, Werner (eds.) Decision Theory and Social Ethics. Dordrecht: D. Reidel. 59-98.

Zürcher, Ulrich (1965) Die Idee der Nachhaltigkeit unter spezieller Berücksichtigung der Gesichtspunkte der Forsteinrichtung. Mitteilungen der Schweizerischen Anstalt für das forstliche Versuchswesen 41, 87-218.

Sachregister